新闻出版一本通

王子安 ◎ 主编

汕头大学出版社

图书在版编目（CIP）数据

　　新闻出版一本通 / 王子安主编． -- 汕头：汕头大学出版社，2012.5（2024.1重印）
　　ISBN 978-7-5658-0778-7

　　Ⅰ．①新… Ⅱ．①王… Ⅲ．①新闻工作－普及读物②出版工作－普及读物 Ⅳ．①G2-49

　　中国版本图书馆CIP数据核字（2012）第096734号

新闻出版一本通

主　　编：	王子安
责任编辑：	胡开祥
责任技编：	黄东生
封面设计：	君阅天下
出版发行：	汕头大学出版社
	广东省汕头市汕头大学内　邮编：515063
电　　话：	0754-82904613
印　　刷：	三河市嵩川印刷有限公司
开　　本：	710 mm×1000 mm　1/16
印　　张：	16
字　　数：	90千字
版　　次：	2012年5月第1版
印　　次：	2024年1月第2次印刷
定　　价：	69.00元

ISBN 978-7-5658-0778-7

版权所有，翻版必究
如发现印装质量问题，请与承印厂联系退换

前　言

　　浩瀚的宇宙,神秘的地球,以及那些目前为止人类尚不足以弄明白的事物总是像磁铁般地吸引着有着强烈好奇心的人们。无论是年少的还是年长的,人们总是去不断的学习,为的是能更好地了解与我们生活息息相关的各种事物。身为二十一世纪新一代的青年,我们有责任也更有义务去学习、了解、研究我们所处的环境,这对青少年读者的学习和生活都有着很大的益处。这不仅可以丰富青少年读者的知识结构,而且还可以拓宽青少年读者的眼界。

　　如今,电影、电视、网络、图书、杂志、报纸等等大众媒介,共同构成了一个规模宏大的文化信息安全网。在这个网络中,人们分享着大众时代的信息资讯,把握着世间的瞬息变化。同时,发达的大众媒体,也影响着现实社会的政治气息,推动着国际社会的形势变化。可以说,新闻出版不仅是记载着现实社会的点点滴滴,而且塑造着社会的公德与公平正义。本书讲述的即是跟新闻出版相关的知识,如印刷术与印刷品的介绍、书籍与出版的相关知识、世界著名的杂志与报纸、著名的世界新闻机构与新闻人物。阅读此书后,青少年学生一定会对新闻出版方面的知识有一定程度的了解。

　　综上所述,《新闻出版一本通》一书记载了新闻出版知识中最精彩的部分,从实际出发,根据读者的阅读要求与阅读口味,为读者呈现最有可读性兼趣味性的内容,让读者更加方便地了解历史万物,从而扩大青少年读者的知识容量，提高青少年的知识层面，丰富读者的知识结构，引发读者对万物产生新思想、新概念，从而对世界万物有更加深入的认识。

　　此外，本书为了迎合广大青少年读者的阅读兴趣，还配有相应的图文解说与介绍，再加上简约、独具一格的版式设计，以及多元素色彩的内容编排，使本书的内容更加生动化、更有吸引力，使本来生趣盎然的知识内容变得更加新鲜亮丽，从而提高了读者在阅读时的感官效果，使读者零距离感受世界万物的深奥、亲身触摸社会历史的奥秘。在阅读本书的同时，青少年读者还可以轻松享受书中内容带来的愉悦，提升读者对万物的审美感，使读者更加热爱自然万物。

　　尽管本书在制作过程中力求精益求精，但是由于编者水平与时间的有限、仓促，使得本书难免会存在一些不足之处，敬请广大青少年读者予以见谅，并给予批评。希望本书能够成为广大青少年读者成长的良师益友，并使青少年读者的思想得到一定程度上的升华。

2012年7月

目 录
contents

第一章　印刷术与印刷品

古老的中华印刷术…………… 3　　印刷术的常用术语…………… 12

印刷术的发展历史…………… 7　　雕版印刷简要介绍…………… 17

印刷术的主要分类…………… 10　　印刷品的简要介绍…………… 20

第二章　书籍与出版概述

简介书的发展历史…………… 33　　中国出版发展简史…………… 46

图书的功能与分类…………… 36　　国外出版发展简史…………… 48

市场骄子——"畅销书"…… 40　　国内著名出版社……………… 50

出版社简要介绍……………… 42　　国外著名出版社……………… 83

第三章　著名杂志

杂志简要概述………………… 107　　国外著名杂志………………… 127

国内著名杂志………………… 109

第四章　著名报纸

简述报纸的定义……………149　　国内著名报纸……………155

几种新形态报纸……………152　　国外著名报纸……………196

第五章　著名新闻机构与人物

著名新闻机构……………211　　著名编辑人物……………242

著名记者人物……………230

第一章 印刷术与印刷品

印刷术是中国古代四大发明之一，始于隋朝的雕版印刷，经宋仁宗时期的毕昇发展、完善，产生了活字印刷术，并由蒙古人传至了欧洲。毕昇为印刷术的始祖。中国的印刷术为知识的广泛传播、交流创造了条件。印刷术发明之前，文化的传播主要靠手抄的书籍。印章和石刻给印刷术提供了启示，用纸在石碑上墨拓的方法，直接为雕版印刷指明了方向。中国的印刷术主要经过了雕版印刷、活字印刷两个阶段。印刷品是指全部用印刷方式印刷的各种纸制物品，如书籍、报纸、杂志、各种文件资料等。印刷的方式主要有铅印、石印、油印、晒印、熏印、拓印、雕版、照相版等。印刷品的形成离不开纸张，而纸张的种类众多，每一种纸张都有其相应的印刷运用范围。最初的印刷品是黑白色的，后来由于印刷技术的进步，开始出现彩色印刷。印刷品的功能主要是传播知识、传递信息、扩大与保存人类的文明成果。接下来，本章我们就来说一说诸如印刷术的起源、种类、雕版印刷、活字印刷、隐形印刷术、印刷技术的对外传播、现代印刷术的产生与演进、印刷品的定义与类别、常用的印刷术语等话题，以便于为读者开启印刷知识的大门。

墨 拓

第一章　印刷术与印刷品

古老的中华印刷术

毕昇为中国印刷术的始祖。中国的印刷术经过了雕版印刷和活字印刷两个阶段的发展。印刷术是中国古代四大发明之一，始于隋朝的雕版印刷，经宋仁宗时期的毕昇发展、完善，产生了活字印刷术，并由蒙古人传至欧洲。中国的印刷术是人类近代文明的先导，为知识的广泛传播、交流创造了条件。印刷术发明之前，文化的传播主要靠手抄的书籍，十分费时、费事，从而给文化的传播带来诸多不便。我国古老的印章、石刻技术给印刷术提供了启示，诸如用纸在石碑上墨拓的方法，直接促进了雕版印刷的产生。接下来我们就来回顾下印刷术的起源与历史演变过程。

古老的印章、石刻技术给印刷术提供了启示。印章在先秦时就有，一般只有几个字，表示姓名、官职、机构。印文均刻成反体，有阴文、阳文之别。在纸没有出现之

毕昇

前，公文、书信都写在简牍上，写好之后，用绳扎好，在结扎处放粘性泥封结，将印章盖在泥上，称为泥封，泥封就是在泥上印刷，这是当时保密的一种手段。纸张出现之后，泥封演变为纸封，在几张公文纸的接缝处或公文纸袋的封口处盖印。据记载，北齐时（550~577年）即有人把用于公文纸盖印的印章制作得如同一块雕刻版。中国印刷术的历史演变与印章、雕版、佛经印刷、碑石拓印、拓片、印染技术等均密切相关，下面我们就来简单说一说。

◆ 印 章

　　印章是用于文件上表示鉴定或签署的文具，一般印章都会先沾上颜料再印上。不沾颜料、印上平面后会呈现凹凸的称为钢印。有些是印于蜡或火漆上、信封上的蜡印。古代多用铜、银、金、玉、琉璃等为印材，后有牙、角、木、水晶等，元代以后盛行石章。先秦及秦汉的印章多用作封发对象、简牍之用，把印盖于封泥之上，以防私拆，并作信验。后简牍易为纸帛，封泥之用渐废。印章用朱色钤盖，除日常应用外，又多用于书画题识，遂成为我国特有的艺术品之

印　章

一。古玺是先秦印章的通称。现在所能看到的最早的印章大多是战国古玺。印章分为官印、私印两类；从制作方法上分为铸印、凿印、琢印、喷印；从冶印材料上分为金印、玉印、银印、铜印、铁印、象牙印、犀角印、水晶印、石印、木

质印、塑料印、有机玻璃印。印章的撰刻技术，直接促进了中国雕版技术的发展，从而也促进了印刷的产生与发展。

◆ 碑石拓印

碑石拓印技术对雕版印刷技术的发明有启发作用。刻石的历史很早。初唐时在陕西凤翔即发现了公元前8世纪春秋时秦国的十个石鼓石刻。秦始皇出巡时曾在重要的地方刻石7次。东汉以后，石碑盛行。汉灵帝四年（175年）蔡邕建议朝廷在太学门前树立《诗经》《尚书》《周易》《礼记》《春秋》《公羊传》《论语》等七部儒家经典的石碑，分刻于46块石碑上，每碑高175、宽90、厚20厘米，容5000个字，碑的正反面皆刻字。这些成为当时读书人的经典。拓片是印刷技术产生的另一个重要条件。古人发现在石碑上盖一张微微湿润的纸，用软槌轻打，使纸陷入碑面文字凹下处，待纸干后再用布包上棉花，蘸上墨汁，在纸上轻轻拍打，纸面上就会留下黑地白字跟石碑一模一样的字迹。这样的方法比手抄简便、可靠，于是拓印出现。

◆ 印　染

印染技术对雕版印刷也有很大的启示作用。印染是在木板上刻出花纹图案，用染料印在布上。中国

印　染

新闻出版一本通

的印花板有凸纹板、镂空板两种。1972年湖南长沙马王堆一号汉墓出土的两件印花纱就是用凸纹板印的。这种技术可上溯至战国。纸发明后，这种技术就用于印刷方面，只要把布改成纸，把染料改成墨，印出来的东西，就成为雕版印刷品。在敦煌石室中就有唐代凸板和镂空板纸印的佛像。

总之，由于印章、拓印、印染技术三者相互启发，相互融合，再加上我国人民的经验和智慧，雕版印刷技术应运而生。比如晋代炼丹家葛洪在《抱朴子》中提到道家在那时已用了四寸见方（13.5×13.5）有120个字的大木印。这已是一块小型的雕版。尤其是进入到魏晋时期，由于佛教的大发展，其不仅促进了宗教建筑的发展，也促进了宗教典籍的印刷、传播。当时的佛教徒为了使佛经更加生动，常把佛像印在佛经的卷首，这种手工木印比手绘省事得多，从而最终使得中国印刷术的诞生成为现实。

知识百花园

隐形印刷术

隐形印刷术，国外称之为文字隐秘、无影印刷术，或直称密写。正式的隐形文件在国际上还没有发现，但特殊的隐形文件已出现，比如美国、原苏联等国家在重要证件和票证上，均采用了这种隐形印刷技术。隐藏形文字可以用特种油墨印刷，用肉眼看不见文字，阅读时要专门进行显示。

小量的文字可以用特殊化学药品的笔进行写入。文字的数量大，就采用印刷的方法。而且隐像传真纸、隐形印刷（文件）可以制成不同的技术等级，复印和一般照相对它毫无办法，可以很好达到保密的要求。

印刷术的发展历史

中国是印刷技术的发明地，很多国家的印刷技术或是由我国传入，或是由于受到中国的影响而发展起来的。日本是在中国之后最早发展印刷术的国家。公元8世纪，日本就可以用雕版印佛经。朝鲜的雕版印刷术也是由中国传入的，高丽穆宗时（998—1009年）就开始印制经书。另外，中国的雕版印刷术经中亚传到波斯，波斯是中国印刷术西传的中转站。14世纪，中国印刷术由波斯传到埃及。14世纪末，欧洲才出现用木版雕印的纸牌、圣象和拉丁文课本。我国的木活字技术大约14世纪传入朝鲜、日本。朝鲜在木活字的基础上创制铜活字。与此同时，我国的活字印刷术也由新疆经波斯、埃及，传入欧洲。1450年，德国美因兹的谷腾堡受中国活字印刷的影响，用合金制成了

活字印刷

拼音文字的活字，用来印刷书籍。古登堡开发了使用凸起的活字，从一开始就使用油性墨，他的发明被称为"是资产阶级发展的必要前提"。总之，中国印刷术为人类社会社会文明的大发展作出了重要的贡献。下面我们就来简单回顾下中国印刷术的后续新发展。

我国的活字版印刷术发明后，在国外得到了进一步的发展和完善，成为现代印刷术的主流。对中国古代活字版印刷术，有突出改进和重大发展的是德国人古登堡，他创造的铅合金活字版印刷术，被世界各国广泛应用。古登堡创建活字版印刷术大约在1440—1448年，比毕昇发明活字印刷术晚了400年。古登堡在活字材料的改进、脂肪性油墨的应用，以及印刷机的制造方面，都取得了巨大成功，从而奠定了现代印刷术的基础，被公认为现代印刷术的创始人。古登堡的铸字、排字、印刷方法，以及他首创的螺旋式手板印刷机，在世界各国

古登堡

第一章　印刷术与印刷品

沿用了400余年。

古登堡用作活字的材料是铅、锡、锑合金，制成的活字印刷性能好。在铸字的工艺上，古登堡使用了铸字的字盒和字模，使活字的规格容易控制，便于大量生产。古登堡还首创了脂肪性油墨，大大提高了印刷质量，脂肪性油墨一直沿用至今。古登堡发明的印书机也改进了印刷的操作。古登堡的这些创造，使印刷术前进了一大步。古登保首创的活字印刷术，先从德国传到意大利，再传到法国，1477年传遍欧洲，一个世纪后传到亚洲各国。1589年，古登保活字印刷术传到日本，翌年传到中国。

与古登堡的发明而共同推进人类印刷技术与印刷工业大发展的因素还有：1845年，德国生产了第一台快速印刷机，开始了印刷技术的机械化过程；1860年，美国生产出第一批轮转机，之后德国相继发明双色快速印刷机，以及印报纸用的轮转印刷机，1900年又制造了6色轮转机。从1845年起，各工业发达国家都相继完成印刷工业的机械化。从20世纪50年代开始，印刷技术不断采用电子技术、激光技术、信息科学、高分子化学等新兴科技成果，进入现代化阶段。20世纪70年代，由于感光树脂凸版、PS版的普及，使印刷迈入了多色发展的途径。80年代，电子分色扫描机和整页拼版系

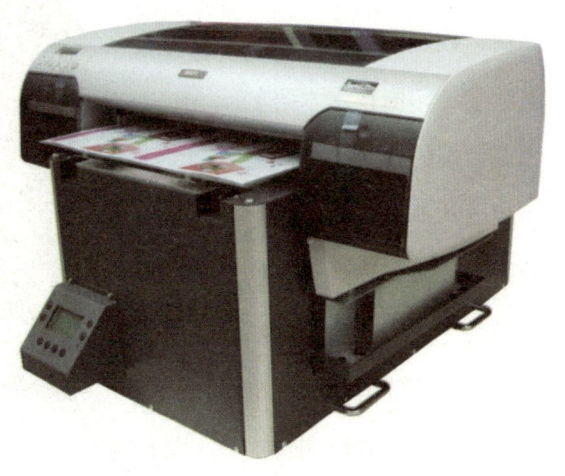

快速印刷机

9

统的应用，使彩色图像的复制达到数据化、规范化，而汉字信息处理激光照排工艺的不断完善，则使文字排版技术产生根本性的变革。90年代，彩色桌面出版系统的推出，表明计算机全面进入印刷领域。总之，科学技术已经成为推动印刷技术迅速改变面貌的第一动力。

印刷术的主要分类

印刷是指将文字、图画、照片等原稿经制版、施墨、加压等工序，使油墨转移到纸张、织品、皮革等材料表面上，批量复制原稿内容的技术。印刷有多种形式，分为传统胶印、丝网印刷、数码印刷等。在国家标准《印刷技术术语》中，印刷的定义是指使用印版或其他方式将原稿上的图文信息转移到承印物上的工艺技术。一般说来，印刷的种类分为凸版印刷、平版印刷、凹板印刷、孔版印刷（丝网印刷）。下面我们就来加以介绍：

◆ 凸版印刷

战国楚国"封垂"的铅版

第一章　印刷术与印刷品

凸版印刷的历史最悠久最普及，版面图像和文字凸出部分接受油墨，凹进去的部分不接受油墨，当版与纸压紧时，油墨就会印在纸上。印刷版材主要有活字版、铅版、锌版、铜板、感光树脂版等。有些书刊、票据、信封、名片等还在使用凸版印刷。另外需特殊加工的，如烫金、银，压凹凸等，一般也使用凸版印刷。

反，再将橡皮滚筒上的图文转印到纸上。画册、画刊广告样本、年历等均可采用这种印刷方式。

平版印刷机

◆ 平版印刷

平版印刷是目前最常见、最广泛应用的印刷方式。图像与非图像在同一平面上，然后利用水与油墨的相互排斥原理，即其图文部分接受油墨不接受水份，非图文部分相反，从而实现印刷的目的。平版印刷的印刷过程采用间接法，即先将图像印在橡皮滚筒上，图文由正变

◆ 凹板印刷

凹板印刷与凸版印刷原理相反，即文字与图像凹与版面之下，凹下去的部分携带油墨。凹板印刷中的印刷的浓淡与凹进去的深浅有关，深则浓，浅则淡。因凹板印刷的油墨不同，因而印刷的线条有凸出感。钱币、邮票、有价证券等均采用凹板印刷。凹板印刷也适用于

凹版印刷机

塑料膜、丝绸的印刷。

◆ 孔版印刷

孔版印刷又称丝网印，如果在小学时见过老师刻蜡版印卷子，那么就能理解这种印刷方式。孔版印刷即利用绢布、金属及合成材料的丝网、蜡纸等为印版，将图文部分镂空成细孔，非图文部位以印刷材料保护，印版紧贴承印物，用刮板或墨辊，最终使的油墨渗透到承印物上。孔版印刷不仅可以印于平面承印物，而且可印于弧面承印物，颜色鲜艳，经久不变。一般说来，孔版印刷适用于标签、提包、T恤衫、塑料制品、玻璃、金属器皿等物体的印刷。

印刷术的常用术语

印刷术是我国古代的四大发明之一，与指南针、火药、造纸，并称为中国古代四大发明。有人曾把印刷术称为"文明之母"。印

第一章　印刷术与印刷品

刷可分为凸版印刷、凹版印刷、平版印刷、孔版印刷四种基本类别。总之，印刷术的发明，是我国古代劳动人民智慧的代表，对人类文明的贡献不可估量。如今全球印刷市场分为三大块，即美国、欧洲和亚洲，各占全球印刷市场的三分之一。其中中国印刷工业总产值在2006年已经取代德国和英国，而跃升至世界第三位。全球印刷市场总值为6100亿美元，到2011年将达7200亿美元。总之，作为传递人类信息文明的重要产业，印刷产业具有广阔的前景。为了便于读者进一步了解这个重要的文化产业支柱，下面我们就来介绍一些常用的印刷术语。

◆ 印前常用术语

露白，即漏白，印刷用纸多为白色，印刷或制版时，该连接的色不密合，露出白纸底色。

打白，即挂网时代的照相制版工艺。为补救上网图片深色位感光不足，可移开原稿闪光一次或放一张纸补点曝光，或直接使用flash灯，闪动白光，以增加原稿的深位网，使影像柔化。

爆肥，即菲林银粒感多了，光也会扩大地盘。手工套版更在感光片加隔透明厚胶片中曝光加肥。

补漏白，即分色制版时有意使颜色交接位扩张爆肥，减少套印不准的影响。

实地，即指没有网点的色块面积，通常指满版。

反白，即指文字或线条用阴纹

邮票露白图

13

印刷，露出的是纸白。

撞网，即指调幅网分色工艺，网点角度分配出错，或每一网角距离小于25°龟纹就开始明显。

飞网，即指镜头制版的挂网工艺，正常曝光后取下挂网，补充短暂曝光增加反差。

◆ 印刷常用的术语

鬼影，即指来历不明的印纹或暗影，多因旧型印刷机供墨不均引起。

打斗，即指底面印刷车有自动翻纸装置，咬纸口印面，反咬纸尾印底，一气呵成。

自反，即指一种节约印版的印刷方法。让纸张先印完一面，干后把纸左右反转及底面反转，称为底面自反版，而纸尾当牙口底面反转，称为牙口反版尾，是印版不变，再印纸张背面的工艺。

飞墨，即指印刷机转速快而墨身稠度不够，离心力使墨液飞溅。

墨线，即指在印版上画一条规线，使刚好印在纸张规位，监控针位可一目了然。

◆ 装订常用的术语

出血，即指印刷装订工艺要求页面的底色或图片，须跨出裁切线3毫米，称为出血。

飞边，飞是裁切、去掉之意。飞边指切除出血边位。

切斜，即指变形，裁切歪了，直角变菱角书，多由纸闸压力不均或纸栅不正引起。

磨光，即指以砑光滚筒处理印张，表面会光滑，为加工表面处理工艺。

正版，不是指软件。书版首码所在版面叫正版，次码所在版面称反版，正反版称一组、一帖或一框。

纸闸，是切纸的机器。

骑马钉，即书本装订的一种方法，动作如跨上马背。薄本书

第一章　印刷术与印刷品

套好后，跨放在铁架上，以穿压铁线钉。

猪肠卷，即指摺书贴的一种方法，动作如卷肠粉，用3个上梭2个下梭可摺32版。

◆ 排版常用的术语

高调，即指受光多的图片光亮雪白，高光位无网点，以拉长图片层次。

低调，指图片阴暗，或称暗调。

爆机，即指内存或磁盘空间不够，会使电脑死火。

磅，是字体排版的量度单位，英文字母最小单位是Point，1英寸分72单磅。

级，是指文字大小，4级为1个毫米。

号，是指铅印时代字粒大小，最大特号字72磅，最小8号字5磅。

平体，是指把方块型以镜头变形，使字扁平，比如平1为1成（即10%），平2为2成，平3为3成，平4为4成。

长体，是指窄身字，比如长1窄1成，长2窄2成，长3窄3成，长4窄4成。

喷笔，即指以压缩气的喷色笔，利用气刷喷画。

字节，是电脑机器语言的单位

知识百花园

常用的书报印刷用纸

Byte，8个bit等于一字节。

（1）胶版纸。胶版纸旧称"道林纸"，是供胶印机使用的书刊用纸，适于印制单色或多色的书刊封面、正文、插页、画报、地图、宣传画、彩色商标和各种包装品。定量从70克/平方米至150克/平方米。胶版纸具有较高的强度和适印性能。胶版印刷是比较高级的书刊印刷纸，对比度、伸缩率和表面强度，均有较高的要求。

（2）凹版纸。凹版纸是用于印刷各种彩色印刷品、期刊、连环画、画册、邮票和有价证券的纸张，也分卷筒纸、平板纸两种。凹版纸印刷要求有较高的平滑度，纸张白度要高，有较好的柔软性。

（3）铸涂纸。铸涂纸又名玻璃粉纸，是一种表面特别光滑的高级涂

胶版纸

布印刷纸，是在原纸上经过二次或一次厚涂，在涂料处于潮湿状态时，涂布面紧贴在高度抛光的镀铬烘缸上加热烘干，不须进行压光。将涂布纸用花纹辊进行压花处理，可制成布纸、鸡皮纸。铸涂纸主要印刷封

第一章　印刷术与印刷品

面、插页和高级纸盒，布纹纸、鸡皮纸多用于印刷挂历和名片。

雕版印刷简要介绍

印刷术是我国古代劳动人民经过长期实践和研究才发明的。自从汉朝发明纸以后，书写材料比起过去用的甲骨、简牍、金石和缣帛要轻便、经济多了，但是抄写书籍还是非常费工的，远远不能适应社会的需要。至迟到东汉末年的熹平年间（172—178年），出现了摹印和拓印石碑的方法。大约在公元600年前后的隋朝，人们从刻印章中得到启发，在人类历史上最早发明了雕版印刷术。雕版印刷是最早

雕版印刷

新闻出版一本通

在中国出现的印刷形式。1966年在南朝鲜发现雕版陀罗尼经，刻印于704—751年之间，为目前所知最早的雕版印刷品。现存最早的标有年代的雕版印刷品是唐咸通九年（868年）的《金刚经》（被英帝国主义强盗盗窃，现存大英博物馆）。据历史学家估计，我国的雕版印刷可能在2000年前就已出现。2006年5月20日，雕版印刷技艺被列入第一批国家级非物质文化遗产名录，江苏扬州市的陈义时为该文化遗产项目的代表性传承人。

雕版印刷是在一定厚度的平滑的木板上，粘贴上抄写工整的书稿，薄而近乎透明的稿纸正面和木板相贴，字就成了反体，笔划清晰可辨。雕刻工人用刻刀把版面没有字迹的部分削去，就成了字体凸出的阳文，和字体凹入的碑石阴文截然不同。印刷的时候，在凸起的字体上涂上墨汁，然后把纸覆在它的上面，轻轻拂拭纸背，字迹就留在纸上了。到了宋朝，雕版印刷事业发展到全盛时期。雕版印刷对文化的传播起了重大作用，但是也存在明显缺点：一是刻版费时费工费料，二是大批书版存放不便，三是有错字不容易更正。

雕版印刷的第一步是制作原稿，然后将原稿反转过来摊在平整的大木板上，固定好。然后各

雕版印刷工人

第一章　印刷术与印刷品

种技术水平的工匠在木板上雕刻绘上的、画上的或写上的原稿,大师级雕工负责精细部分的雕刻。等雕刻木板完成后,然后刷上墨,在印刷机中加压形成原稿的复制品。在一些方法中,雕版印刷优于铸造活字,比如中文有很大的字符集,雕版印刷在初期投入时会更便宜一些。不过,印刷版不耐用,在印刷使用中很快就损坏,需要不断更换,这限制了大量印刷的可能性。中国印刷历史上最重要的成就是北宋平民发明家毕昇发明了活字印刷术,改进雕版印刷的缺点。毕昇是北宋中期的一个普通平民知识分子,当时人称布衣。他总结了历代雕版印刷的丰富的实践经验,经过反复试验,在宋仁宗庆历年间（1041—1048年）制成胶泥活字,实行排版印刷,完成了印刷史上一项重大革命。

知识百花园

佛教经典《金刚经》

《金刚经》是佛教重要经典,全名《金刚般若波罗蜜经》。《金刚经》传入中国后,自东晋到唐朝共有六个译本,其中以鸠摩罗什所译的《金刚般若波罗蜜经》最流行。"金刚般若波罗蜜经"中的金刚指最为坚硬的金属,喻指勇猛的突破各种关卡,让自己能够顺利的修行证道;"般若"为梵语"智慧"的音译;"波罗"意为"到达彼岸";"蜜"意为"无极"。经是指学佛、成佛之路。全名的意思是指按照此经修

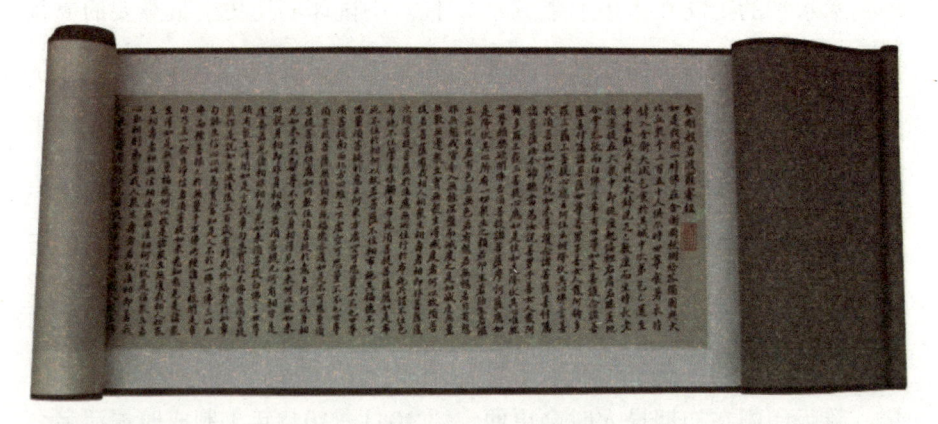

苏东坡《金刚经》仿品

持，能成就金刚不坏之本质，修得悟透佛道的精髓智慧，脱离欲界、色界、无色界三界而到达苦海彼岸。《金刚经》通篇讨论的是空的智慧，前半部说众生空，后半部说法空。《金刚经》中的重要词汇有金刚、般若、波罗蜜、顿悟（开悟而明大道）、渐悟（次第渐修而悟）、经（比喻修行的一条路径）、三藏（指经藏，即佛所说的教法典籍；律藏即戒律典籍，即论藏佛弟子或佛灭后，诸菩萨所解释的经义。

印刷品的简要介绍

印刷品是指全部用印刷方式印刷的各种纸制物品，例如书籍、报纸、杂志和各种文件、资料等。印刷的方式是指铅印、石印、油印、晒印、熏印、拓印或者雕版、照相版等影印复制品。印刷色彩是印刷

第一章 印刷术与印刷品

品的重要属性。按印刷品色彩显示，可分为单色印刷、多色印刷两类。其中单色印刷并不限于黑色一种，凡以一色显示印纹，皆是单色印刷。多色印刷分增色法、套色法、复色法三类。

所谓增色法，是指在单色图像中的双线范围内，加入另一色彩，使其明晰鲜艳，以利阅读。一般儿童读物的印刷采用增色法。

所谓套色法，是指各色独立、互不重叠，无他色作范围边缘线，依次套印于被印物质上而成。一般线条、商品包装纸等印刷，多采用套色法。

所谓复色法，是指依据色光加色混合法，使天然彩色原稿分解为原色分色版，再利用颜料减色混合法，使原色版重印于同一被印刷物质上，因原色重叠面积的多少不同，而得到的天然彩色印刷品。彩色印刷品，除为数甚少的增色法与套色法外，基本都是复色法所印。

印刷书籍

印刷品因印刷业务的种类不同，用途亦不同，如书刊印刷、新闻印刷、广告印刷、钞券印刷、地图印刷、文具印刷、特殊印刷等。一般说来，印刷品主要包括有：书籍杂志的印刷，以往采用凸版印刷，近年多改用平版印刷；新闻印刷，以往尽用凸版轮转机印刷，因其快速而印量大。近年为适应彩色需要，改用平版或照相凹版轮转机印刷；广告印刷，含彩色图片、画报、海报，大部分采用平版印刷，也用凸版、凹版、孔版印刷；钞券及其他有价证券印刷，以凹版印刷

新闻出版一本通

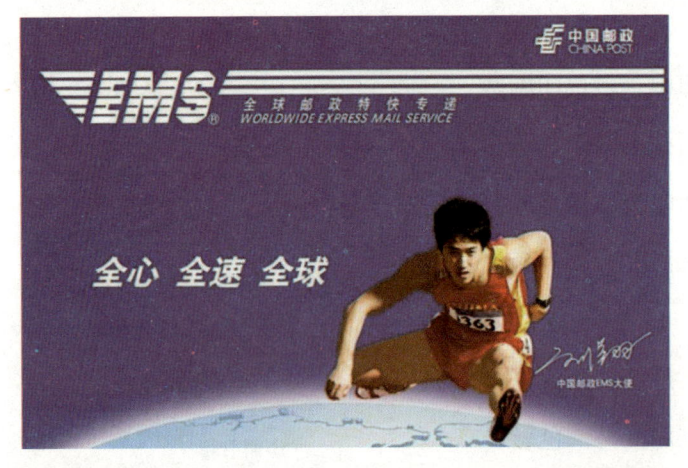

邮递专袋

为主，以凸版、平版为辅；地图印刷，因其幅员大、精度高、套色多、印量少、原稿多为单色，所以多采用照相平版印刷；文具印刷，如信封、信纸、请帖、名片、帐册、作业簿本等，必须成本低廉、大量印刷，因而品质较次，多用凸版印刷；包装印刷，如各类菜蔬食品、糖果、饼干、蜜饯的包装，以及各型号包装用的瓦楞纸箱、室内装潢布置用的壁纸等，多以照相凹版印刷；特殊印刷，如瓶罐、烫金、浮凸、软管、电子、电路、标贴、车票、箔片等。

值得一提的是，在邮递业务中，诸如相片和照相复制品、著作手稿和新闻手稿、手抄的乐谱、半印半写的各种证书、合同、单据、报表、通知单和学生作业的原文、没有通信内容的明信片和其他印制的卡片，以及打字机或电子计算机打印机打印的文件等，均可按印刷品寄递。印刷品内可附寄收寄件人名、地址签条、内件清单及有关发票等，但均不应具备现时通信性质。我国于1982年正式开办国际印刷品邮件专袋业务，并规定印刷品专袋只能寄往与我国有直封函件总包关系的国家和地区。

第一章　印刷术与印刷品

◆ 常用印刷品纸张

纸张是记载和传播文化的重要工具之一，与人们的文化生活有着密切的联系。纸张的用途不仅限于人们的文化生活范围，而且已成为工业、农业和建筑等方面不可缺少的。纸是我国古代四大发明之一，是用以书写、印刷、绘画或包装等的片状纤维制品。早在西汉，我国已发明用麻类植物纤维造纸。上古时代，祖先主要依靠结绳纪事，以后发明甲骨文，开始用甲骨作为书写材料。后来又利用竹片和木片以及缣帛作为书写材料。但由于缣帛太昂贵，竹片太笨重，于是便导致了纸的发明。我国西汉时已开始了纸的制作，魏晋南北朝时期纸广泛流传，纸的名目有竹帘纸、藤纸、鱼卵纸、网纸、布纸。晋代时，纸取代帛简成为主要的书写材料。

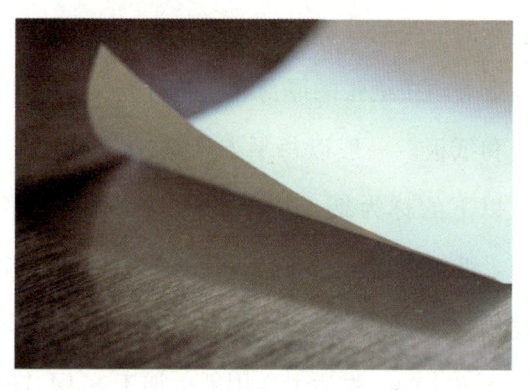

纸　张

蔡伦在促进麻纸及皮纸生产方面起了很大作用。

纸按生产方式分为手工纸和机制纸。手工纸以手工操作为主，利用帘网框架、人工逐张捞制而成，适合于水墨书写、绘画和印刷用，如宣纸。机制纸是指以机械化方式

造　纸

23

生产的纸张的总称，如印刷纸、包装纸等。按纸张的厚薄和重量分为纸和纸板。一般以每平方米重200克以下的称为纸，以上的称为纸板。纸板主要用于商品包装。按用途纸分为新闻纸、印刷纸、书写纸、包装纸、生活卫生用纸、加工原纸、纸板、加工纸。目前我国出版、印刷上所使用的纸张种类主要有：道林纸（材料为木浆）、模造纸（纸浆为旧纸、破布）、铜版纸（是以模造纸为纸芯，在其表面加上一层涂料并轧光，使纸面的纤维缝隙填满，通常用来印制彩色印刷品）、雪面铜版纸（是于铜版纸之纸面再加涂料使之不反光）、圣经纸（全木纤维纸浆所制之薄纸，常用来印制圣经）、再生纸（即将使用过的废纸加以回收处理，制成再生纸浆，以其取代原木纸浆所产出来的纸类，都可以称为再生纸）。

下面我们就来介绍一下常用纸张的分类。

（1）凸版印刷纸

凸版印刷的老贺卡

凸版印刷纸简称凸版纸,是采用凸版印刷书籍、杂志时的主要用纸,用于重要著作、科技图书、学术刊物、大中专教材等正文用纸。凸版纸按纸张用料成分配比的不同,可分为1号、2号、3号和4号四个级别。纸张的号数代表纸质的好坏程度,号数越大纸质越差。凸版印刷纸主要供凸版印刷使用。凸版纸具有质地均匀、不起毛、略有弹性、不透明,稍有抗水性、有一定的机械强度等特性。凸版纸有卷筒与平版之分。凸版纸定量为每平方米50克重至80克重。品号分为特号、一号、二号三种。特号、一号凸版纸供印刷高级书籍使用,二号凸版纸主要用于印刷一般书籍、教科书、期刊。

(2)新闻纸

新闻纸也叫白报纸,是报刊及书籍的主要用纸,适用于报纸、期刊、课本、连环画等正文用纸。新闻纸的特点有:纸质松轻、富有较好的弹性。吸墨性能好,这就保证了油墨能较好地固着在纸面上;纸张经过压光后两面平滑,不起毛,从而使两面印迹比较清晰而饱满;有一定的机械强度,不透明性能

新闻纸生产

好，适合于高速轮转机印刷。新闻纸的包装形式有卷筒与平版之分。新闻纸定量为51克左右，主要供印刷报纸、期刊使用。这种纸是以机械木浆（或其他化学浆）为原料生产的，含有大量的木质素，不宜长期存放。保存时间过长，纸张会发黄变脆，抗水性能差，不宜书写。

（3）胶版印刷纸

胶版印刷纸简称胶版纸，定量为60～180克，有双面胶版纸和单面胶版纸之分。其中双面胶版纸70～120克使用最广。双、单面胶版纸品号都有特号、一号、二号三种。特号、一号双面胶版纸供印刷高级彩色胶印产品使用；二号双面胶版纸克供印制一般彩色印件；单面胶版纸主要用于印刷张贴的宣传画、年画。胶版纸主要供平版（胶印）印刷机或其他印刷机印制较高级彩色印刷品时使用，如彩色画报、画册、宣传画、彩印商标及一些高级书籍封面、插图等。胶版纸伸缩性小，对油墨的吸收性均匀、平滑度好，质地紧密不透明，白度好，抗水性能强。

（4）铜板纸

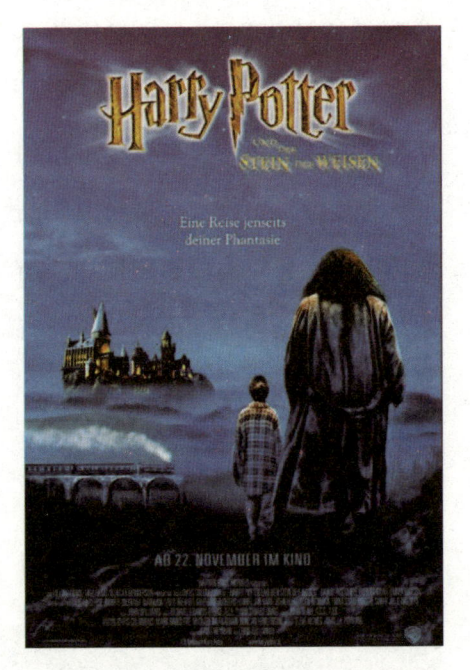

胶版纸印刷的彩色画报

铜板纸又称涂料纸，这种纸是在原纸上涂布一层白色浆料，经过压光而制成的。纸张表面光滑，白度较高，纸质纤维分布均匀，厚薄一致，伸缩性小，有较好的弹性和较强的抗水性能和抗张性能，对油墨的吸收性与接收状态十分良好。

第一章　印刷术与印刷品

铜版纸印刷的明信片

铜版纸主要用于印刷画册、封面、明信片、精美的产品样本以及彩色商标等。铜版纸有单、双面两类。品号有特号、一号、二号三种。特号铜版纸供印刷150克以上网线的精致产品使用；一号铜版纸供印刷120～150网线的产品使用；二号铜版纸可印刷120克以下网线的产品。铜版纸不耐折叠。

◆ 其他印刷品纸张

画报纸：质地细白、平滑，用于印刷画报、图册和宣传画等。

书皮纸：定量为80～120克，主要供书刊作封面使用。

压纹纸：是专门生产的一种封面装饰用纸。颜色分灰、绿、米黄和粉红等色，一般用来印刷单色封面。

字典纸：分为一号、二号两种，定量为25～50克，字典纸吸湿性强，稍微受潮就会起皱。字典纸主要用于印刷字典、辞书、手册、经典书籍及页码较多、便于携带的书籍。

毛边纸：纸质薄而松软，呈

新闻出版 一本通

练书法的毛边纸

淡黄色，没有抗水性能，吸墨性较好。毛边纸只宜单面印刷，主要供古装书籍用。

书写纸：是供墨水书写用的纸张，主要用于印刷练习本、日记本、表格和帐薄等，分为特号、1号、2号、3号和4号。

打字纸：是薄页型的纸张，纸质薄而富有韧性，主要用于印刷单据、表格以及多联复写凭证等。在书籍中用作隔页用纸和印刷包装用纸。

邮丰纸：在印刷中用于印制各种复写本册和印刷包装用纸。

拷贝纸：薄而有韧性，适合印刷多联复写本册；在书籍装帧中用于保护美术作品并起美观作用。

白版纸：伸缩性小，有韧性，折叠时不易断裂，主要用于印刷包装盒和商品装潢衬纸。在书籍装订中，用于简精装书的里封和精装书籍中的径纸（脊条）等装订用料。有粉面白版与普通白版两类。

牛皮纸：具有很高的拉力，有

第一章　印刷术与印刷品

单光、双光、条纹、无纹等，主要用于包装纸、信封、纸袋等和印刷机滚筒包衬等。

板纸：定量在250克/平方米以上的纸称为板纸，或叫纸板，主要用于制作精装书壳面的封面压榨纸板，和制作精装书、画册封套用的封套压榨纸板。

牛皮纸

知识百花园

常用的书报印刷用纸

（1）新闻纸。新闻纸俗称白报纸，其特点是松软多孔，吸收性好，能使油墨在很短时间内渗透固着，折叠时不会粘脏，用于在高速轮转机上印刷报纸、期刊及一般书籍。新闻纸的定量为51克/平方米，卷筒新闻

纸的宽度有1572毫米、1562毫米、787毫米、781毫米四种；平版纸幅面尺寸为787毫米、1092毫米。

（2）铜板纸。铜板纸又名涂料纸，是在原纸上涂布一层由碳酸钙或白陶土等与粘合剂配成的白色涂料，烘干后压光制成的高级印刷用纸。适合于铜板印刷或胶印，印制彩色或单色的画报、图片、挂历、地图和书刊，也是包装印刷用纸。铜板纸要求有较高的涂层强度，不掉粉。

（3）哑粉纸。哑粉纸又名无光铜板纸，在日光下观察，与铜板纸相比，不太反光。用它印刷的图案比铜板纸更细腻更高档。

报　纸

第二章 书籍与出版概述

新闻出版一本通

　　图书包括书籍、画册、图片等出版物。其中书籍是用文字、图画和其他符号，在一定材料上记录各种知识，表达思想，并制装成卷册的著作物。书籍在中国原指典籍。在俄文中，书籍原指字母、文字、书信的意思。德文中，书籍原指写了字的书板，是指刻写的或准备刻写的木板或木条。拉丁文中，书籍原指用作写字材料的树皮或纸莎草茎。书籍的历史和文字、语言、文学、艺术、技术、科学的发展有着紧密的联系，最早可追溯到在石、木、陶器、青铜、棕榈树叶、骨、白桦树皮等物上的铭刻。中外出版界都很重视对出版内涵的研究。日本学者认为，采用印刷术及其他机械的或化学的方法，对文稿、图画、照片等著作品进行复制，将其整理成各种出版物的形态，向大众颁布的一系列行为，统称为出版。英国学者认为，出版是指向公众提供用抄写、印刷或其他任何方法复制的书籍、地图、版画、照片、歌篇或其他作品。一般说来，凡将文字、图画或其他符号印刷到纸上，或把它们印成为图书报刊的工作，都称为出版。而出版社是指进行图书、图画、杂志，报纸和电子物品等有版权物品的出版活动的组织。本章我们就来说说诸如书籍的起源与发展、书籍的分类、线装书、精装书、平装书、电子书、有声读物、畅销书、中国出版史、国外出版史，以及诸如商务印书馆、中华书局、人民出版社、上海书店、开明书店、贝塔斯曼集团、剑桥大学出版社、牛津大学出版社、艾迪生·韦斯利·朗文公司、霍顿·米夫林出版公司等国内外著名出版社等话题。

第二章　书籍与出版概述

简介书的发展历史

书籍在中国原指典籍。在俄文中，书籍原指字母、文字、书信的意思。德文中，书籍原指写了字的书板，是指刻写的或准备刻写的木板或木条。拉丁文中，书籍原指用作写字材料的树皮或纸莎草茎。图书包括书籍、画册、图片等出版物。其中书籍是用文字、图画和其他符号，在一定材料上记录各种知识，表达思想，并制装成卷册的著作物。书籍的历史和文字、语言、文学、艺术、技术的发展有着紧密的联系，最早可追溯于石、木、陶器、青铜、棕榈树叶、骨、白桦树皮等物上的铭刻。迄今为止，发现最早的书是在5000年前古埃及人用纸莎草纸所制的书。公元1世纪时，希腊和罗马用动物的皮来记录国家的法律、历史等重要内容。我国商朝时期的甲骨文也是古代书籍的重要形式。

中国最早的书籍是出现于公元前8世纪前后的简策。这种用竹木做书写材料的"简策""简牍"在纸发明以前，是中国书籍的主要形

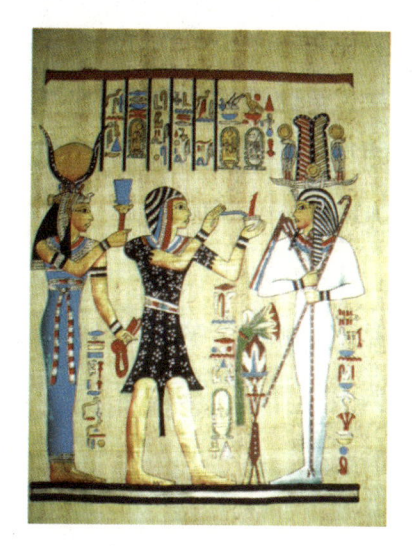

埃及莎草画

33

新闻出版一本通

简牍

式。一般说来，将竹木削制成狭长的竹片或木片，统称为简；若干简编缀在一起叫"策""简策"；编缀用的皮条或绳子叫"编"。诸如古代典籍《尚书》《诗经》《春秋左氏传》《国语》《史记》《竹书纪年》《孙子兵法》等，都是用竹木书写而成。大约在西汉时期，人们用缣帛来书写，称为帛书。帛书是用特制的"缯""缣"丝织品作为书写材料，因此"帛书"又叫"缣书"。公元前2世纪，中国已出现用植物纤维制成的纸，如1957年在西安出土的灞桥纸。东汉时期，蔡伦在总结前人经验，加以改进制成蔡侯纸之后，纸张便成为书籍的主要材料，纸的卷轴逐渐代替了竹木书、帛书。

中国是世界上最早发明木刻印刷术的。在印刷术发明之前书的拷贝都是由手工完成，其成本与人工都相当高。7世纪初期，中国已经使用雕刻木版来印刷书籍。在印刷术发明以前，中国书籍的形式主要是卷轴。10世纪，中国出现册叶形式的书籍，并逐步代替卷轴，成为目前世界各国书籍的共同形式。11世纪40年代，中国最早产生活字印刷术，并向世界各国传播。东到朝鲜、日本，南到东南亚各国，西到欧洲各国。活字印刷术加快了书籍的生产进程，促进了书籍的生产和人类文化的交流与发展。14世纪，中国发明套版彩印。15世纪至18世纪初，中国编纂、缮写和出版了卷帙浩繁的百科全书类的出版物——《永乐大典》《古今图书集成》

《四库全书》等。

公元前30世纪，埃及纸草书卷的出现，是最早的埃及书籍雏形。纸草书卷比苏美尔、巴比伦、亚述、赫梯等文明的泥版书更接近于现代书籍的概念。15世纪中叶，德国人古登堡发明了金属活字印刷。15世纪至16世纪，诞生了一种经济、美观、便于携带的书籍，比如当时荷兰的埃尔塞维尔公司即印制了袖珍本的书籍。18世纪末，由于造纸机器的发明，推动了纸的生产，为印刷技术的机械化创造了良好条件。同时，印制插图的平版印刷开始出现，进而为胶版印刷打下基础。19世纪初，快速圆筒平台印刷机的出现，以及其他印刷机器的发明，大大提高了印刷能力，适应了社会政治、经济、文化对书籍不断增长的要求。

卷轴画

进入20世纪90年代，随着网络的普及，书已经摆脱了纸张的局限，电子书已成为书籍的发展趋向。

知识百花园

有关书籍的名言

书籍是人类进步的阶梯。——高尔基

新闻出版一本通

仅次于选择益友，就是选择好书。——考尔德

阅读一本不适合自己阅读的书，比不阅读还要坏。我们必须会这样一种本领，选择最有价值、最适合自己所需要的读物。——别林斯基

不好的书也像不好的朋友一样，可能会把你戕害。——菲尔丁

一个爱书的人，他必定不致缺少一个忠实的朋友，一个良好的老师，一个可爱的伴侣，一个优婉的安慰者。——伊萨克·巴罗

书籍鼓舞了我的智慧和心灵，它帮助我从腐臭的泥潭中脱身出来，如果没有它们，我就会溺死在那里面，会被愚笨和鄙陋的东西呛住。——高尔基

三更灯火五更鸡，正是男儿读书时。黑发不知勤学早，白首方悔读书迟。——颜真卿

书痴者文必工，艺痴者技必良。——蒲松龄

杀人只是杀死了一个理性的动物，破坏了一个上帝的像；而禁止好书则是扼杀了理性本身，破坏了瞳仁中的上帝圣像。——密尔顿

图书的功能与分类

迄今为止发现最早的书是在5000年前古埃及人用纸莎草纸所制的书。公元1世纪，希腊和罗马用动物的皮来记录国家的法律、历史等内容。我国商朝时期的甲骨文也是古代书籍的重要形式。在印刷术发明之前，书的拷贝都是由手工完成，成本相当高。欧洲中世纪时，

第二章　书籍与出版概述

只有少数的教会、大学、贵族和政府才拥有使用书籍的特权。直到15世纪谷登堡印刷术的发明，书籍才成为普通百姓能享受的文化物品。从书籍的产生和发展过程可以看出，图书在逐步变得轻便、耐久，尤其是在易于记载、复制文字和图画的材料上，通过不断完善的技术手段，起着传递信息、宣告、阐述、贮存与传播思想文化等诸多功能。总之，书籍是人类进步和文明的重要标志，书籍已成为传播知识、科学技术和保存文化的主要工具。

随着科学技术的发展，虽然传播知识信息的手段异彩纷呈，但书籍的作用是其他传播工具所不能代替的。书籍仍然是促进社会政治、经济、文化发展必不可少的传播工具。书是知识的一种载体，图书也有许多种类。一般情况下，图书分类主要是按学科门类划分的。另外可以根据图书的形式特征来分类。根据图书的形式特征，可以分为：

图　书

◆ 线装书

线装，也称古线装。线装书出现在包背装盛行的14世纪的明朝中叶，这是我国装订技术史上第一次将零散页张集中起来，用订线方式穿联成册的装订方法，标志着我

线装书

国的装订技术进入了新阶段。我国古代的纸本书，经历了卷轴、册页两个阶段。卷轴由卷、轴、缥、带组装成，汉、唐时期只有这种卷轴形式的书。今天挂在墙上的轴画、书法，即是卷轴装的遗风。晚唐时期，卷轴书开始向册页书过渡，其装订方法经历了轻折装、旋风装、蝴蝶装、包背装，到了明代才正式出现线装本的册页书。

现代汉语规范词典

◆ 精装书、平装书

我国的图书一般都是简装书，但是简装书不适合保存。精装书就是一种美观、易保存的图书，具有极高的收藏价值，所以图书收藏爱好者和图书馆都喜欢精装书。平装书就是日常生活中读的书，是用机器印刷而成。以前是钉印，目前用胶印。胶印有一个缺点就是如果书本过厚，比如说词典、字典之类的，容易开裂、掉页。

◆ 电子书

电子书是利用计算机技术将一定的文字、图片、声音、影像等信息，通过数码方式记录在以光、电、磁为介质的设备中，借助于特定的设备来读取、复制、传输。电子书是人们所阅读的数字化出版物，以区别于以纸张为载体的传统出版物。

◆ 有声读物

有声读物就是有声音的书。现代人的生活节奏越来越快，已经

第二章 书籍与出版概述

很少有时间坐下来读书了。于是就有人把书朗读出来录音，给想读书的人"听"书，这就成了有声书。实际上，有声书是一种音频文件。有声读物在播放器里面播放的时候，可以调节播放速度，可以自动记住播放的停止时间，以方便"阅读"。

有声读物

知识百花园

电子书阅读器

电子书阅读器是一种浏览电子图书的工具，其屏幕的大小决定了可以单屏显示字数的多少。而应用于电子书阅读器屏幕的技术有电子纸技术、LCD等显示技术。现在的电子书阅读器厂商大多放弃了LCD屏的制造，转而研究电子纸屏幕。基于电子纸技术的电子书阅读器是一种轻巧的平板式阅读器，相当于一本薄薄的平装书，能储存约200本电子图书，具有重量轻、

电子书阅读器

大容量、电池使用时间长、大屏幕等特点。部分电子书阅读器具备调节字体大小的功能，并且能显示JPEG、GIF格式的黑白图像和Word文件、RSS新闻订阅。电子纸显示屏通过反射环境光线达到可视效果，因此看上去更像普通纸张。这种显示屏的能效非常高。显示屏一旦开启，就不再需要电流来维持文字的显示，只有翻页时才消耗能量。

市场骄子——"畅销书"

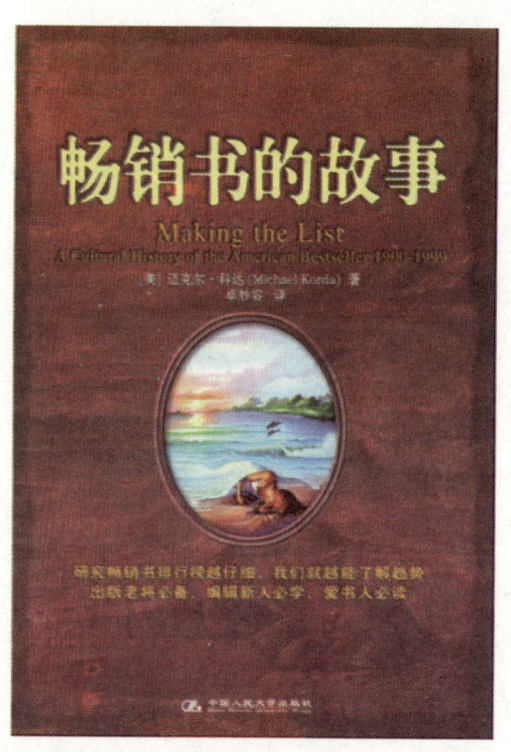

《畅销书的故事》

畅销书是种与常销书相对的概念，是图书销售状况在市场中的火爆反映。一般说来，畅销书的形成与读者的需求紧密相关。尤其是进入到新型市场经济时代，由于广告手段的大批运用以及大众化传播媒体的蓬勃发展，在各种充满市场诱惑力的广告词与宣传手段的狂轰乱炸中，同样可以塑造出"肥皂泡"般的畅销书。因此，对于畅销书，作为读者必须学会鉴别，主要从图书内容

第二章 书籍与出版概述

的角度去把握，避免市场化的误导。畅销书的市场火爆力来自于其对于某个社会时期的脉搏的准确把握，能够针对性地适应读者的需要，形成一定时期中的话题热点。一般说来凡是在一个时代，或一个时间段里，非常受欢迎的书，就是畅销书。

"畅销书"一词最初源于美国。1895年，美国《读书人》登载了十九个城市书店中最畅销的六本书的书名，被认为是历史上的第一张畅销书单。1897年，这家杂志又发表了全美"最好销的书"的书单。自1903年开始，《读书人》月刊每期公布本月内最好销的六本书，称为"畅销书六册"。此后，"六册畅销书"随即出现在全美各家书店最显眼的柜台上。第一次世界大战后，"畅销书"这一名称普及到各国出版界。另外，在一段时间内监控符合一定条件的图书的销售情况，并按销量（册数）顺序排列成榜单，即为畅销书排行榜，简称畅销榜。畅销书的特点是符合当时人的阅读口味。需要注意的是，畅销书不一定就是好书。畅销书要成为名著，需要看它的实际价值是否经得起时间的考验。

下面我们就列举出一些中外的畅销书单。

（1）新中国六十年畅销书。主要有《红岩》《第二次握手》《男人的一半是女人》《北京人在纽约》《一双绣花鞋》《今夜有暴风雨》《废都》《无雨之城》《窗外》《透明的女性》《狼图腾》《藏獒》《上海宝贝》《乌鸦》等。

（2）最具影响力的20本商业书籍。2002年9月30日，《福布斯》杂志推出《最具影响力的20本商业书籍》，盘点了过去20年来最具影响力的20本商业书籍。这最具影响力的20本商业书籍分别是：《追求卓越——美国优秀企业的成

41

新闻出版一本通

功秘诀》《基业长青——高瞻远瞩公司长生不老的秘诀》《公司再造——企业管理革命的宣言》《大收购——华尔街股市兼并风潮》《竞争优势——寻找成功的支点》《引爆流行——改变思维的佳作》《跨越鸿沟——高科技创新成功之道》《摩根财团——美国一代银行王朝和现代金融业的崛起》《6σ管理法——追求卓越的阶梯》《强人的七种习性——让你成为新强人》《说谎者的牌术——一幅扭曲的罪恶图景》《创新者的窘境——大公司面对突破性技术时引发的失败》《JapanInc——漫画日本经济》《股市大盗——华尔街最大内幕交易案始末》《德鲁克精华——大师中的大师,精华中的精华》《竞争大未来——未来成功的基础》《沃伦·巴菲特之路——投资之王的理念与策略》《杰克·韦尔奇自传——一部CEO的圣经》《从优秀到卓越——迈向成功的巅峰》《新新事物:硅谷的故事——发生在奇迹背后》。

出版社简要介绍

出版社是指进行图书、图画、杂志、报纸和电子物品等有版权物品的出版活动的组织。什么叫出版?这是出版中首先要接触的问题。整个出版领域对于"出版"的内涵有不同的理解,形成了不同的认识。其中,国内对出版的认识,大体分为两类:一类认为出版活动主要是出版物的印刷工作占主流地位,将发行活动排斥于出版之外。另一类吸纳了国外出版界对出版内涵认识中的合理部分,非常重视编

第二章 书籍与出版概述

辑工作。认为作品转化为出版物要具备四个条件：经过编辑，具有适于阅读或吸取的内容；具有一定的物质形式；经过复制；向公众发行，如出售、出租等。

总的来说，我国国内学者对出版内涵的理解、定义主要有：一是认为凡将文字、图画或其他符号印刷到纸上，或把它们印成为图书报刊的工作，都称为出版；二是认为把著作物编印成为图书报刊的工作即为出版；三是认为出版就是把书刊、图画等编印出来；四是认为出版是指出版机构根据一定的方针和计划，选择、整理人类的思维成果和资料，通过出版生产赋予它们一定的物质形态，然后向社会传播；五是认为出版就是将作品编辑加工后，经过复制向公众发行；六是认为出版就是选择、整理著作物，通过一定生产方式将其复制在特定载体上，并以出版物的形态向社会传播的一系列行为；七是认为出版就是通过出版生产的手段，把著作物编印成图书、期刊、杂志等印刷品，经过发行渠道，把这些精神产品推向社会，供应读者；八是认为出版就是社会上各种作品，包括文稿、图片、信息、音响、录像制品等等原件，汇集到出版机构以后，经过审定、选择、编辑和加工，使用一定的物质载体，复制成各种形式的出版物，通过流通渠道传播到全社会。

国外对于出版内涵的理解、定义主要有：美国学者认为，出版是指公众可获的，以印刷物或电子媒介为形式的出版物的准备和印刷、

出版物

制作的过程。英国学者认为，出版是指向公众提供用抄写、印刷或其他任何方法复制的书籍、地图、版画、照片、歌篇或其他作品。日本学者认为，采用印刷术及其他机械的或化学的方法，对文稿、图画、照片等著作品进行复制，将其整理成各种出版物的形态，向大众颁布的一系列行为，统称为出版。韩国学者认为，出版是以散布或发售为目的把文稿、文书或图画、乐谱之类印刷出来，以使其问世、刊行。而1971年出版的《世界版权公约》给出版所下的定义是，可供阅读或者通过视觉可以感知的作品，以有形的形式加以复制，并把复制品向公众传播的行为。

尽管上述各国学者给出版所下的定义有差别，但对出版本质的描述却十分接近。各国都认为出版的内涵由三个方面构成：一是出版是将已有的作品形成为出版物的过程；二是原始作品须经过一个大量复制的过程，使其形成一定的载体形式，成为出版物；三是通过一定方式使公众获得这些出版物，也是出版不可或缺的部分。因而结合这些观点，我们可以看出所谓出版其实际上包括四个方面的内容：其一，出版是对已有的作品进行深层次开发的社会活动，是对现成的作品进行开发。因而诸如作家创作、画家写生、音乐家谱曲都不能算出版；其二，出版是对原作品进行编辑加工，使其具有适合读者消费的出版物

报 摊

第二章 书籍与出版概述

内容的过程。需要经过编辑工作，以对原作品进行编辑加工；其三，出版是对加工好的已有作品进行大量复制，使其具有能供读者消费的过程。作品大量复制的过程也是出版物的商品生产过程；其四，出版包括将出版物公之于众的过程，即通过各种方式将大量复制的原作品广泛向读者传播。

总之所谓出版，就是将知识信息产品经过加工后，以商品生产的形式大量复制在一定的物质载体上，并使其广泛传播的过程。而出版社则是指进行图书、图画、杂志、报纸和电子物品等有版权物品的出版活动的组织。其承担着出版活动的各个重要环节，执行着出版的功能与流程。在中国，出版社的类型按隶属关系分为中央级出版社、地方出版社；按业务范围分为综合性出版社、专业出版社；按出版物的形式分为图书出版社、音像出版社。

在中国，出版社的工作范围，广义上包括编辑、印刷、发行。但出版社中只有少数有自己的印刷厂。从现状来看，出版社只负责编辑和出版，具体内容包括制定选题、确定作者、组织稿件、审阅稿件、编辑加工、定稿发稿（包括插图和版面、封面的装帧设计）、校对付印等。出版社对稿件一般实行责任编辑初审、编辑室主任复审、总编辑终审的三审制。

另外在人员管理上，我国对出版社的编辑人员实行职称制，按思想水平和业务能力分为助理编辑、

改稿子

新闻出版一本通

编辑、副编审、编审4种。国外出版社的编辑人员则分为组稿编辑、文字编辑,其组稿编辑具有较高的水平。在我国,从出版社的管理体制上来说,出版社由社长主管全面工作,总编辑负责编辑工作。大型出版社还设有社务委员会、编辑委员会。其中,编辑委员会主管制订全社的长远出书规划和年度出书计划,确定丛书、套书和重点书的编辑计划等。具体编辑工作则由按专业分工成立的各编辑室、组和总编办公室负责。装帧设计和校对工作由出版部负责。经营管理工作由经理部负责。

中国出版发展简史

中国出版事业历史悠久,早在3000多年前的殷商时期就已出现了原始书籍。春秋战国时就有了编辑工作,比如孔子曾编辑《春秋》《诗经》等。许多儒家经典,都是那时整理编辑出来的。唐代发明雕版印刷术之后,出现了民间图书刻坊。刻坊是民营书商所办的手工业刻书机构,在唐代出现,到宋代更为兴盛,成为书籍出版的重要力量。宋时全国各大城市都有书坊,其中杭州、建阳最集中。元代的刻坊比官刻还多。明代时,刻坊遍布各地,刻书种类有医书、类书、小说、戏曲等。清代坊刻更为兴盛。与此同时,我国古代政府十分重视修史、出书,比如宋元时代的官刻机构——国子监、兴文署设有专职官员、编辑校勘人员,以及刻字工人、印刷工人,是印书馆、印书局

第二章　书籍与出版概述

的雏型。明代的国家出版机构已分门别类刻书,当时诸如都察院、工部、礼部、兵部等国家机关均兼有刻书工作。而且地方各省都有布政司、按察司刻书,许多府县也刊刻书籍、地方志。清代初期改变了明代中央机关分管出书的办法,官刻集中统一于皇室内府的武英殿。除官刻、坊刻外,还有一种私刻,又称家刻,是私人出资校刊书籍。家刻选择优秀善本,进行认真细致的校订翻印,一般质量较高,其中不少成为传世的"善本书"。

鸦片战争后,随着西方印刷设备的传入,外国传教士开办的墨海书馆于1843年由新加坡迁到上海。清政府创立的同文馆、江南制造局翻译馆开始编译书籍。一批近代资本主义出版企业如商务印书馆、文明书局、中华书局、亚东图书馆、泰东图书局等先后成立,并大量编印图书。五四运动后,中国出版事业开始有了大的转变。中国共产党领导的出版机构——人民出版社、上海书店、长江书店、华兴书局先后成立。一大批私营出版企业,如华夏书店、光华书店、开明书店等和商务印书馆、中华书局、生活书店、读书出版社、知识书店等都从事编辑出版图书。到1949年,全国公私营图书出版社已有200多家。

新中国初期,新华书店兼有出版、印刷、发行三重任务。1950年全国新华书店第二届工作会议作出了《关于国营书刊出版印刷发行企业分工专业化与调整公私关系的决定》,从此,出版、印刷、发行分开管理。同年年底,全国共有出版社211家,其中,中央级6家、地方21家、私营184家。到1956年底,经过公私合营调整,减为101家。1978年后,为了适应社会主义建设事业的需要,中国出版事业有了大发展,到1987年底,全国共有图书出版社467家,另有专营音像出版物的出版社72家。目前我们国有出

47

版社达到500多家，民营出版企业更是众多，由此而构成了我国规模庞大的出版体系。如今，我国出版产业正成为文化传播领域的重地，正逐步朝向市场化、企业化、集团化、多媒体化、集约化的目标稳步发展。

国外出版发展简史

在欧洲，作为出版印刷物的出版社，是在15世纪产生的。15世纪中叶，德国人古登堡发明了金属活字印刷术，为大量出版文字材料提供了条件。当时欧洲出版业的中心是意大利、德国和法国。

金属活字印刷的书

16~18世纪，第一批著名的印刷出版家有英国的卡克斯顿、法国的普朗坦、意大利的马努蒂乌斯、荷兰的埃尔塞维尔，以及法国的艾斯蒂安。随着出版物印刷设备的不断发明和应用，出版物的种类和印数大为增加。到19世纪初，出版物的销售和发行工作逐渐从印刷出版者的手里转移到书商手里，图书出版商开始同印刷商、书商区别开来，出版社成了一项特殊的独立行业。大多数出版商自己购置印刷设备，向作者征求稿件，然后把产品交给书商出售。

第二章 书籍与出版概述

18世纪末19世纪初，英、美等国出现了一大批出版社，著名的有德国的贝克出版公司、布罗克豪斯出版公司；英国的托马斯·纳尔逊父子出版有限公司、威廉·布莱克伍德父子出版有限公司、布莱克出版有限公司、布莱基父子出版有限公司、威廉·柯林斯父子出版有限公司；法国的加尼耶出版公司、普隆出版公司；美国的利平科特出版公司、约翰·威利父子出版公司、哈珀与罗出版公司、普特南父子出版公司、查尔斯·斯克里布纳父子出版公司等。

19世纪中叶，随着新的印刷技术的出现，出版业中开始了资本集中和出版、印刷企业的专业化过程。大型出版集团，与包含出版、印刷、报刊等媒体的大型出版集团开始形成。从20世纪初起，出版集团化更为加强。比如，有的出版公司雇员有1000多人，有专门管理生产、市场和会计业务的部门。第二次世界大战后，随着不断出现的新学科的需要和照相排版技术、胶印技术的普遍采用，以及其他大众传播手段的发展，出版社的门类和数量大大增加。据联邦德国绍尔出版公司1985年出版的《国际出版商指南》统计，世界各国图书出版社、期刊出版社、计算机软件出版社和参与出版活动的团体在内的出版机构约有160 436家。其中，美国、苏联、英国、法国、日本、荷兰、德国等国的出版社数目约占当前世界出版

印刷成品

新闻出版一本通

社总数的60%。同样，如今国际出版业正依托科技的不断进步，而不断深化发展。世界出版产业正作为人类文化产业经济的黄金产业而不断竞争、更新、发展着，以更深入地为人类社会文明的进步提供更为优越的精神文化食粮。

国内著名出版社

我国出版社的类型按隶属关系分为中央级出版社、地方出版社；按业务范围分为综合性出版社、专业出版社；按出版物的形式分为图书出版社、音像出版社。我国知名度较高的出版社主要有人民教育出版社、清华大学出版社、电子工业出版社、高等教育出版社、机械工业出版社、科学出版社、人民邮电出版社、北京师范大学出版社、人民卫生出版社、江苏教育出版社、中国人民大学出版社、语文出版社、法律出版社、浙江教育出版社、北京大学出版社、中国电力出版社、化学工业出版社、中国建筑工业出版社、教育科学出版社、中国青年出版社、河北教育出版社、上海外语教育出版社、北京出版社、中国铁道出版社、中国财政经济出版社、北京教育出版社、春风文艺出版社、人民出版社、国防工业出版社、人民文学出版社、中信出版社、华夏出版社、上海人民出版社、远方出版社、山东教育出版社、冶金工业出版社、武汉大学出版社、长江文艺出版社、中国水利水电出版社、译林出版社、接力出版社、中国地图出版社、中国纺

第二章 书籍与出版概述

织出版社、中国社会科学出版社、上海古籍出版社、新华出版社、东北财经大学出版社、中国经济出版社、复旦大学出版社、上海译文出版社、青岛出版社、人民音乐出版社、经济科学出版社、东南大学出版社、光明日报出版社、世界知识出版社、人民日报出版社、西安交通大学出版社、浙江大学出版社、中国少年儿童出版社、中国农业出版社、地质出版社、湖南教育出版社、作家出版社、南方出版社、学苑出版社、上海科技出版社、人民交通出版社、中国林业出版社、西南师范大学出版社、新疆青少年出版社、上海交通大学出版社、重庆大学出版社、社会科学文献出版社、中国统计出版社、上海文艺出版社、内蒙古人民出版社、中国物资出版社、中国广播电视出版社、朝华出版社、人民体育出版社、中国中医药出版社、经济管理出版社、中国轻工业出版社、大连理工大学出版社等等。下面我们就来介绍下国内老字号的出版社与知名出版社。

◆ 商务印书馆

商务印书馆集编译、出版、发行为一体，在其百年历史上，留下了辉煌的足迹。20世纪三四十年代是商务印书馆的鼎盛时期，当时在全国各重要城市及新加坡、吉隆坡等地，设有80多处分馆。在上海的大本营，不仅有人才济济的编译所

商务印书馆京华印书局的排字车间

新闻出版一本通

和设备先进的印刷厂,而且其附设的"东方图书馆"藏书极其丰富,当时寓居上海的知名作家鲁迅、郑振铎、茅盾等,都与其有过很深的关系。商务印书馆设于北京琉璃厂街上的分馆,也是京城文化界人士经常光顾的重要场所。

商务印书馆以编译介绍国外重要学术著作而闻名海内外。清末就出版了我国著名思想家严复翻译的《天演论》,推动了哲学界的变革维新,引起广泛的社会反响。此后相继推出严复的一系列译著,介绍西方先进的学术思想。20世纪30年代出版的《汉译世界名著丛书》,印行两百余种,其规模之大,品种之全,为全国首屈一指。在工具书的编纂出版方面,商务印书馆成绩卓著,在全国可谓独一无二。于解放前出版的《辞源》《新华字典》等辞书,已成为全国最有影响的工具书。解放后出版的《现代汉语词典》《新华词典》《大俄汉词典》《现代日汉大辞典》《新汉德词典》等数百种辞书,成为我国最具权威的辞书。

知识百花园

商务印书馆之最

1898年出版了第一部语法学学术专著——《马氏文通》;1898年出版了第一部中英文对照排版印刷的英语教科书《华英初阶》;1899年出版了大陆第一部英汉字典——《商务书馆华英字典》;1900年第一个使用了纸型印书;1902年第一个系统地介绍西方学术论著;1903年第一个

使用著作权印花；1903年第一个作为文化企业引进外资；1903年第一个作为民间企业聘请外国专家和技师；1904年第一个系统地编印出版近现代中小学教科书；1904年第一个创办《东方杂志》等一系列现代意义的杂志；1907年第一个采用珂罗版印刷；1908年出版了第一部由中国学者自己编纂的双语辞典《英华大辞典》；1912年第一个采用电镀铜版印刷；1913年第一个使用自动铸字机；1915年第一个采用胶版彩色印刷；1915年出版我国第一部以语词为主、兼及百科的大型现代语文辞书《辞源》；1917年出版我国第一部专科辞典《植物学大辞典》；1918年成立我国第一个中资电影机构——活动影戏部；1919年生产制造我国第一部汉字打字机；1919年制作我国第一部动画广告片《舒震东华文打字机》。

◆ 中华书局

中华书局1915年改为股份有限公司，自办印刷所，增设发行所；第二年资本增至160万元，职工达千余人，成为继商务印书馆之后国内第二家集编辑、印刷、发行为一体的出版企业。1917年，因资金周转不灵，几至停业。此后，除编印出版教科书、各种图书杂志外，还于1929年创办中华教育用具制造厂，制造教学文具仪器。1932年，中华书局扩充印刷所，1933年在九龙新建印刷分厂，1935年在上海澳门路建成印

中华书局

新闻出版一本通

刷总厂，购置先进印刷设备，既印本版图书，也承印地图、邮票、香烟壳子以及政府有价证券、钞票、公债券等。1937年春，中华书局在全国各地和香港、新加坡开设四十余个分局，进入全盛时期。

抗战爆发后，中华书局的创始人陆费逵先生赴香港，成立驻港办事处，掌握全局重要事务；上海方面则由常务董事舒新城等主持日常事务，设在公共租界的印刷总厂以"美商永宁公司"的名义维持营业。1941年7月9日，陆费逵在九龙病逝。太平洋战争爆发后，中华书局在重庆设立总管理处，仍然印制教科书，编辑出版各种图书杂志。抗战胜利后，总管理处迁回上海。1954年5月，中华书局实行公私合营，总公司迁至北京，同时在上海留有中华书局上海办事处，1958年改组为中华书局上海编辑所。同年，国务院古籍整理出版规划小组成立，中华书局被指定为该小组的办事机构，成为整理出版中国古代和近代文学、历史、哲学、语言文字图书及相关的学术著作、通俗读物的专业出版社，承担着国家级古籍整理的基本项目。

在传统学术和古籍整理方面，中华书局拥有雄厚的人才资源，著名学者有陈乃乾、徐调孚、宋云彬、杨伯峻、马宗霍、金灿然、赵守俨等，在中华书局的发展过程中起过巨大的作用。现有专家有周振甫、李侃、傅璇琮、程毅中等先生，他们在古籍整理及学术研究上均卓有建树。中华书局是最能代

古　籍

表中国古籍、学术著作出版水准的出版社。从创立至1949年，先后编印出版了《四部备要》《古今图书集成》《辞海》《饮冰室合集》等重要书籍，以及卢梭的《社会契约论》、达尔文的《物种原始》等重要译著。

中华书局历经20年整理、出版的《二十四史》《清史稿》点校本，被公认为新中国最伟大的古籍整理工程。另外相继编辑出版了《全上古三代秦汉三国六朝文》《先秦汉魏晋南北朝诗》《全唐文》《全唐诗》《全宋词》《古本小说丛刊》《甲骨文合集》《殷周金文集成》《资治通鉴》《文苑英华》《太平御览》《永乐大典》《册府元龟》《清实录》《光绪朝朱批奏折》《中华大藏经》等古代经典文献。近年来，中华书局致力于中华民族优秀传统文化的普及工作，先后出版了《左传译文》《论语译注》《孟子译注》《庄子今注今译》、白话《资治通鉴》、白话《续资治通鉴》《通鉴故事百篇》《新编千家诗》，以及简体横排本《二十四史》，简体横排增订本《全唐诗》《全宋词》等。还创刊了《文史知识》、《中华活页文选》，为提高全民族的文化素质作出了突出贡献。

中华书局推出的重点图书还有"中国古典文学基本丛书""历代史料笔记丛刊""二十四史研究资料丛刊""中国古代地理总志丛刊""中外交通史籍丛刊""中外关系史名著译丛""中华史学丛书""中国近代人物文集丛书""中国近代人物日记丛书""新编诸子集成""中国佛教典籍选刊""道教典籍选刊""理学丛书""学术笔记丛刊""古逸丛书三编""清人书目题跋丛刊""中国古典名著译注丛书"等，为学术研究提供了大量的基本典籍。另外还出版了梁启超、王国

新闻出版一本通

维、顾颉刚、陈垣、王力、钱钟书等著名学者的学术著作；编辑出版了学术集刊《文史》《文学遗产》《书品》等。

知识百花园

人民教育出版社

人民教育出版社直属于中华人民共和国教育部，是主要从事基础教育教材和其他各级各类教材及教育图书的研究、编写、编辑、出版和发行的大型专业出版社。成立于1950年12月1日，毛泽东同志题写社名。首任社长兼总编辑是我国著名文学家叶圣陶先生。建社以来，人民教育出版社主持或参与拟定了2000年以前历次中小学各科教学大纲，先后研究、编写了10套全国通用的中小学教材；累计出版各类出版物3万余种，发行量逾600亿册。人民教育出版社现有员工1500余人。作为我国中小学教材编写的"国家队"和"专业队"，人民教育出版社编辑机构设置齐全，共有思想政治、语文、数学、外语等27个学科编辑室及报刊社。人民教育出版社图书馆是全国中小学教材资料中心，藏有丰富的古今中外教材和教育文献。人民教育出版社的社属企业有人教教材中心、人民教育电子音像出版社、中国教育图书进出口公司、人民教育出版社印刷厂、人教网。人民教育出版社形成了涵盖了学前教育、基础教育、师范教育、职业教育、高等教育、成人教育、继续教育、民族教育、特殊教育、对外汉语教育等领域的图书品牌，成为我国中小学教材和教育图书的建设基地。

◆ 人民出版社

人民出版社成立于1950年12月1日，是中华人民共和国成立后最早创建的党和国家政治书籍出版社，也是全国第一家著名的哲学、社会科学综合出版社。该社的成立受到党和政府的亲切关怀和高度重视。毛泽东主席亲笔题写了"人民出版社"社名，从此，这五个金光闪闪的大字成为人民出版社图书最为显著的形象标志。人民出版社自建社以来，始终肩负着崇高的历史使命，担负着如下方面的出版任务：一是出版马列主义、毛泽东思想和邓小平理论经典原著；二是宣传马列主义、毛泽东思想和邓小平理论以及党的路线、方针、政策的普及性读物；三是党史和党建论著；四是政治、哲学、经济、历史、法律、文化、国际问题等学术著作，人物传记和哲学社会科学工具书等。

人民出版社除出版图书外，还主办过期刊多种，其中《新华月报》《新华文摘》和《人物》颇有名望。《新华月报》是与共和国同时诞生的一本政治性、文献性大型综合月刊，忠实地记录了共和国近半个世纪光辉历程。《新华文摘》是一本大型的综合性、学术性、资料性月刊，多角度、多层次地反映了中共十一届三中全会以来中华大地文化学术的繁荣的风貌和进程，被称作是"当代中国文化学术信息之窗"。《人物》是以介绍古今中外各类名人为己任的月刊，取材丰富，雅俗共赏。

1986年，人民出版社成立东方出版社作为其副牌，致力于学术文化精品图书的开发，已形成明显的

新闻出版一本通

出版特色。总之,半个世纪以来,人民出版社没有辜负党和人民的重托,不畏困难,勇于开拓,认真贯彻和执行了党和国家的出版方针,始终坚持"为社会主义服务,为人民服务"的宗旨,先后出版图书1万多种,发行图书期刊超过20亿册,成为名扬海内外的国家级出版社。

知识百花园

机械工业出版社

机械工业出版社是全国优秀出版社,自1952年成立以来,坚持为科技、为教育服务,以向行业、向学校提供优质、权威的精神产品为宗旨,已由传统的图书出版向着图书、期刊、电子出版物、音像制品、电子商务一体化延伸,现已发展为多领域、多学科的大型综合性出版社,涉及机械、电工电子、汽车、计算机、经济管理、建筑、ELT、科普以及教材、教辅等领域。机械工业出版社的组成部门有机械分社、电工电子分社、汽车分社、建筑分社、计算机分社、高等教育分社、高职教育分社、中职教育分社、技能教育分社、基础教育分社、经济与管理分社、华章分社、外语分社、电子出版物分社、时代传播音像出版社、出版中心、总编室、编辑加工中心、销售中心、机工印刷厂、京丰印刷厂。

◆ 三联书店

生活·读书·新知三联书店,简称三联书店,是一家有悠久历史的著名出版社。前身是20世纪30年代在上海创立的生活书店、新知书店和读书出版社。

1948年三店在香港合并，正式成立生活·读书·新知三联书店，1951年与人民出版社合并，1986年恢复独立建制。"生活·读书·新知"巧合地概括了人的一生中最主要的三个方面：首先，最重要的是生活，热爱生活，好好生活；然后是读书，读书是一种习惯，是一种人生的态度；最后是新知，新知从读书中来，从生活中来，又让读书和生活更美好。三家书店都诞生在中华民族灾难深重的历史时期。成立后，三家书店坚持爱国进步立场，积极宣传抗日救亡、民主革命，反映了中国人民的呼声，业务发展迅速，但屡遭国民党政府迫害。

生活、读书、新知三家书店都是以杂志起家的。生活书店成立于1932年，创办人是邹韬奋、徐伯昕等。前身是《生活》周刊社。《生活》创刊于1925年10月，主编为王志莘先生，该刊是中华职业教育社

三联书店版《神雕侠侣》

的机关刊物。1926年10月，邹韬奋接任《生活》周刊主编，于1932年7月1日创办生活书店。读书出版社成立于1936年，创办人是李公朴、柳湜、艾思奇、黄洛峰等，前身是1934年创刊的《读书生活》半月刊。成立时李公朴为总经理，1937年2月由黄洛峰接任经理。新知书店成立于1935年，创办人是钱俊瑞、姜君辰、薛暮桥、华应申等。

新闻出版一本通

新知书店的发展是从《中国农村》月刊开始的。

自1928年6月《生活》周刊社开始出版图书,至1948年10月三店正式合并时止,三店共出版图书1600余种,先后共编辑出版期刊50种。这些书刊宣传爱国进步思想,引导读者追求真理,在中国人民救亡和解放的年代产生过巨大影响。1945年11月1日,生活书店、读书出版社、新知书店联合分店在重庆成立,简称重庆三联分店,第一次公开使用"三联"店名。1948年10月,为了迎接新中国的诞生,三店在香港合并,成立生活书店·读书出版社·新知书店三联书店。后来在北京成立生活·读书·新知三联书店总管理处。北京的三联书店在相当长的时间内归属人民出版社,1986年独立经营。1986年8月,成立上海三联书店。

三联书店设有3个图书编辑部室、4个杂志编辑室,以及经理部等职能部室,共14个部门,在职职工103人。三联书店总部设于北京美术馆东街22号的三联书店办公大楼,并在北京、武汉、郑州、杭州、济南、沈阳、哈尔滨、汕头、大连、昆明、南宁和南京等城市设有分店。三联书店以出版社会科学读物为主,其出版物有学术著作、知识读物、大众普及读物。1979年创办的《读书》杂志是三联书店的品牌杂志。《读书》中的文章或谈古论今,或探讨社会现象、学术问题,都体现着深刻的人文精神。三联以其出版高品位的人文科学专业图书和社会科学的译著图书,形成了独特的文化品牌,被誉为"中国知识分子的精神家园"。三联书店始终以邹韬奋先生创办生活书店的宗旨——"竭诚为读者服务"为店训。

◆中国青年出版社

中国青年出版社成立于1950年

第二章 书籍与出版概述

1月，直属共青团中央领导。中国青年出版总社组建于2003年12月，由中国青年出版社（前身是青年出版社与开明书店）和中国青年杂志社合并组成。中国青年出版总社是中国唯一的以青年为主要读者对象的普及读物出版社，宗旨是"积极传播科学文化知识，竭诚为青年的成长、成才服务"。中国青年出版总社现有青春图书分社、文教图书分社、社科图书分社、文学艺术图书分社、电子音像出版社、综编部、特编部、出版研发部、读书活动办公室、中青兴书店、法律读物编辑中心、中青新世纪图书发行公司、中青文书刊发行中心等部门。出书范围包括青年工作、青年时尚、励志与修养、社会科学、文化教育、科普知识、文学艺术、电脑艺术、人物传记、法律读物、工具书、翻译作品和电子音像制品等。中国青年出版总社还出版发行《中国青年》《青年文摘》《农村青年》《中国共青团》《青年文学》《青年心理》《青年视觉》《虹》《生活资讯》等10种期刊。其中《青年文摘》是中国发行量较大的杂志之一。《中国青年》杂志是中国共产主义青年团中央委员会的机关刊物，是我国现存创刊最早、历史最悠久的期刊。中国青年出版总社从50年代末起，即以出版《红岩》《红日》《红旗谱》《创业史》《李自成》等作品享誉中国文坛，已出版图书7000余种，发行7亿多册。

◆ 上海书店

上海书店是中共中央早期的出版发行机构。1923年11月1日在上海南市小北门花园路振业里11号开业。最初的负责人为中共中央出版部书记洪鸿，后由毛泽民任经理。上海书店的主要任务是出版发行中共中央的宣传刊物，出版了《共产党宣言》《反帝国主义运动》《平

民千字课》《夜校教材》《世界劳工运动史》等20多种新书，还负责销售已被封闭的新青年社所有存书。上海书店曾为印刷《向导》等刊物，在上海创办崇文堂印书局，被特务破坏后，又创办文明印务局。1926年2月，上海书店被军阀孙传芳封闭。1927年"四·一二"政变以后，上海书店化名"华兴书局"，继续从事革命出版发行活动。1930年，中共上海的党组织遭到严重破坏，上海书店被迫歇业。

知识百花园

河北教育出版社

　　河北教育出版社成立于1986年12月，现下辖6个职能部门、9个编辑室，以及河北人文网、快乐教育网、河北教育出版社局域网等3家网站，《快乐作文》杂志社、《21世纪中学生作文》杂志社、《快乐英语》杂志社等3家杂志社，河北教育音像出版社、北京颂雅风文化艺术中心、康拓实业发展总公司、麦田图书有限公司等编辑出版部门和经营实体，所出图书涵盖文化、教育、文学、艺术、社科、儿童、辞书等门类。河北教育出版社始终坚持"服务教育，传承文明"的办社理念开拓进取，奋力拼搏，初步形成图书、音像、杂志、网络协调发展的局面。河北教育出版社的优秀图书有《中华文明史》《创世纪情愫》《中国漫画书系》《教育投入与产出研究》《李大钊全集》《屠格涅夫全集》《王朝闻集》《雨果文集》《莎士比亚画廊》《冯至全集》《梅兰芳全集》《吴梅全集》《二十世纪中国史学名著》《梅兰芳藏戏剧史料图画集》《加缪全集》《鲁迅之世界全集》《红罂粟丛书》《歌德文集》《中国现代学术经典》《马克·吐温十九卷集》等。《梅兰芳藏戏曲史料图画集》被评为"世界最美的书"。

◆ 开明书店

开明书店是以出版当代文学及青年读物为主的出版社。1926年8月成立于上海,创办人章锡琛,曾是商务印书馆的老编辑。1928年招募股本改组为股份有限公司,至1937年分店遍布全国各省市。开明书店的发展得到了许多作家、教师和编辑的支持。其中著名人物有郑振铎、茅盾、叶圣陶、赵景琛、夏丏尊、匡互生、朱自清、朱光潜、丰子恺、胡愈之、周建人、王伯祥、周予同、徐调、顾均正、贾祖璋等。他们把书店当作自己的事业,时时关心它的成长,把好的作品首先交给它出版。

开明书店的编辑出版业务,长期由夏丏尊、叶圣陶、章锡琛等主持。最先编辑《新女性》杂志,1930年1月起,先后创刊《中学生》《新少年》《月报》《国文月刊》等14种杂志。同时出版文学、艺术、文史、自然科学、儿童文学等方面的读物。开明书店出书严谨,从编撰、审读、校对、印刷,到书籍装帧,均有严格要求,在出版界享有很高声誉。开明书店在团结进步作者、出版进步书刊、积累文化财富、教育青少年等方面,作出了很多贡献,在中国现代出版史上占有重要地位。1950年开明书店总管理处迁到北京,1953年4月同青年出版社合并,组成中国青年出版社。

新闻出版一本通

知识百花园

北京出版社出版集团

北京出版社出版集团是新闻出版总署于1999年批准组建的首批七家试点集团之一,前身北京出版社成立于1956年。北京出版社出版集团设置有五大事业部,分别出版教育类、人文社科类、少儿类、科学生活类、艺术类、文艺类图书,产品动销率全国第六。北京出版社出版集团始终坚持"崇尚价值,以文化人"的出版理念,以博采天下华章、奉献社会精品为己任,年均出版书刊和电子音像制品2500余种,累积出版图书2万余种,总印数超过15亿册。北京出版社出版集团的下属组织有北京出版社、北京教育出版社、北京少年儿童出版社、北京十月文艺出版社、北京美术摄影出版社、北京电子音像出版社、文津出版社、《十月》杂志社、《父母必读》杂志社、《少年科学画报》杂志社、《北京卡通》杂志社、《夜北京》杂志社、北京伦洋图书出版有限公司。

◆ 科学出版社

科学出版社是中国最大的综合性科技出版机构,由前中国科学院编译局与20世纪30年代创建的龙门联合书局合并,于1954年8月成立。1993年8月,恢复"龙门书局"副牌。科学出版社毗邻北京皇城根遗址公园,是一个历史悠久,以出版学术书刊为主的出版社。1993年,科学出版社荣获国家首批

"全国优秀出版社"称号。科学出版社的目标是：立足知识创新工程的源头，以知识创新成果的归纳整理、传播转移、普及提高为己任，把科学出版社办成中国最大、学术水平最高、综合性最强的国际化出版机构，并在此基础上发展中国科学出版集团。

科学出版社最早在科技出版界建立一套选题策划、规划、组稿、质量、出版，以及发稿、设计、校对、三审制等一系列管理制度和规定，并按形势的发展不断修订更新。1989年，科学出版社在中国最早设立资助科技期刊和科技图书的中国科学院科学出版基金。科学出版社在出版界率先建立了音像室，为配书出版音像制品做了有益的探索试验。在科技出版界最先成立技术室，开展计算机排版试验，并探索配书出版电子出版物。最早开发出中国专题地图集和卫星影像图的出版，为在国际上宣传中国地学成就，作出了卓越贡献，为国争了光，受到各国专家的高度赞扬。科学出版社最早编写创作出版了《校对手册》和《著译者手册》，为全国培养编辑出版人才做出了重要贡献。科学出版一直是我国专家学者心目中中国科技出版界的第一品牌，是缔造院士的摇篮。

科学出版社在"立足科技，面向教育、多种媒体、综合经营"出版方针指导下，依托中国科学院和"科学家的出版社"的金字招牌，充分挖掘国内外优良出版资源，重视重大出版工程建设，形成了以科学、技术、医学、教育为主要出版领域的战略架构与规模。科学出版社下设龙门书局、上海分公司、武汉分公司和成都分公司，与十几个国家和地区的100多家出版公司建立了长期合作关系。科学出版社现在每年出书7000余种，期刊200多种，在全国出版社中名列第三、四位。

新闻出版一本通

知识百花园

中信出版社

中信出版社成立于1988年，隶属中国中信集团公司。中信出版社以创新的理念和市场化方式引领阅读潮流，出版内容涵盖经济学、专业财经、管理经典、管理实务、企业与企业家、商业文化、职场励志、社科文化、时尚生活等。中信出版社在业务机制上强调出版人负责制，按领域和产品划分领域和业务单元，以策划、编辑、包装、品牌管理、营销、渠道管理的业务全流程培养开发能力和市场策划力，以客户管理为中心提供专业化的内容服务，形成以创新为核心的竞争优势。责任意识、创新精神、敬业精神与团队合作是中信出版社企业文化的精髓。中信出版社出版发行的核心刊物有《经济导刊》《比较》。其财经类图书保持在前三名，是全国畅销书排行榜上榜最多的出版社。中信出版物的分类主要有经济管理、新生活、金融、理财、管理学、成功学等。著名图书产品有《一分钟百万富翁》《从此不再怕发言》《谁说大象不能跳舞》《水煮三国》《杰克·韦尔奇自传》《谁动了我的奶酪》等。

◆ 浙江大学出版社

浙江大学出版社创立于1984年，是集理工农医和人文社科出版为一身的综合性出版单位。浙江大学出版社坐落于杭州天目山路浙江大学西溪校区内，现有职工130多人，出版社下设大文科、大理科、新世纪英语、基础教育、新闻传播、生活艺术等11个编辑室，以及综合办、出版部、发行部、储运部、财务部等6个管理经营部门，发行网点遍布全国各地。

浙江大学出版社得古越文化之厚蕴，承浙江大学"求是"的精神，已成长为一个具有图书、期刊、电子音像立体化出版功能的大社，至2005年底累计出版各类学术专著、高校教材、工具书、文化普及类读物7000多种，电子音像出版物800余种。在未来的发展中，浙江大学出版社将充分挖掘和整合出版资源，以品牌促效益，拓展浙大

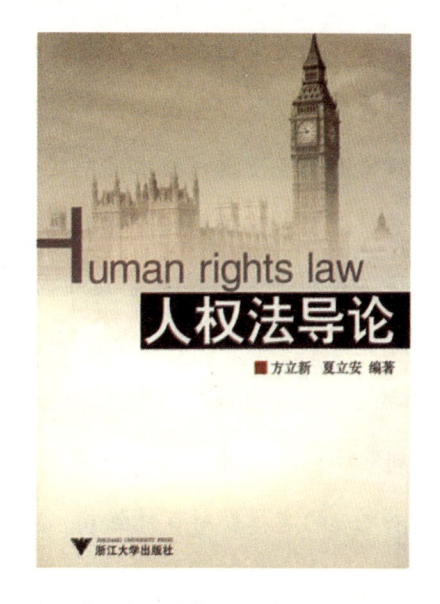

浙江大学出版社出版的《人权法导论》

版图书的市场空间，力求建设成为特色鲜明的一流大学出版社。

知识百花园

华夏出版社

华夏出版社的出版领域包括经济、管理、西方哲学、传播学、社会学、人类学、医学等主题。在文学出版领域，实施畅销书战略，出版了一批名家名作，成为先锋写作与阅读的重镇。华夏出版社十分重视中国文学传统的出版，曾推出"中国古典小说名著百部""中国现代文学

百家"等文学经典。在传统文化领域,华夏出版社出版了大型系列丛书"中华道藏""房山石经""历代中医名著集成""中国本草全书"。同时出版了便携口袋本"中国古典文化小丛书",传统书法鉴赏、学习系列丛书。华夏出版社还引进了经济、管理大师萨缪尔森、迈克尔·波特、菲利普·科特勒等大师的核心著作,如《经济学》《竞争战略》《竞争优势》《市场营销导论》,出版了"哈佛商学经典"丛书、"IBM系列教材""现代西方思想文库""中欧·华夏经理人书架系列",以及传播学、社会学、政治学经典译丛,推出了世界三大品牌辞书之一的《拉鲁斯百科全书》。

◆ 清华大学出版社

清华大学出版社成立于1980年6月,是由教育部主管、清华大学主办的综合出版单位。秉承"自强不息,厚德载物"的人文精神,清华大学出版社迅速成长起来。清华大学出版社始终坚持弘扬科技文化产业、服务科教兴国战略的出版方向,把出版高等学校教学用书和科技图书作为主要任务,并为促进学术交流、繁荣出版事业设立了多项出版基金,在教育出版领域树立了强势品牌。高品质、多层次的计算机图书是清华大学出版社的一大品牌支柱。20世纪80年代末,清华大学出版社快速切入计算机图书市场,为发展我国计算机教育做出了巨大贡献。20多年来,清华大学出版社共出版各类计算机图书2000种,其中各类教材近1000种,形成了大学本科计算机专业教材和大学本科非计算机专业教材、高职高专计算机教材、计算机应用技术类图书和中小学信息技术教育图书的图书品种结构。清华大学计算机系列教材、世界著名大学计算机教材精选、计算机软件水平考试和资格考试用书、计算机软件入门与提高系列等，已成为著名图书品牌。

1993年，清华大学出版社首次推出一批中文翻译版微软技术图书，成为国内最早引进合法版权的出版社之一。1994年，清华大学出版社推出13种原版影印计算机教材，开国内具有合法版权的原版影印教材之先河。之后，又影印出版了一大批理工学科和商学原版教材。目前，清华大学出版社共有原版影印教材200余种，成为国内出版原版影印教材历史最长、覆盖学科领域最多、品种最多的出版社。从1998年起，清华大学出版社加大了经管和外语图书的选题规模和营销力度，成为出版社两大新的经济增长点。清华商学英文版教材系列、企业物流管理培训教材系列、博采英语等图书在市场上引起了强烈反响。同时，清华版理工与基础学科图书也渐露峥嵘。近年来，清华大学出版社不断优化品种结构，逐步深入人文社科、美术、医学、建筑等图书领域。在知识经济时代，清华大学出版社要力争做到在信息技术、经管、外语、医学、工程等主流领域都有自己越来越响亮的声音。目前，清华大学出版社已成为全国著名的大学出版社。每年出版图书、音像、电子出版物已达

清华大学

新闻出版一本通

2000余种，其中新书1800种。全国约有1200个销售点，每年销售图书2300余万册，2004年实现销售码洋近7个亿。清华出版物品种也已由图书扩大到软件、光盘、录像带、录音带等产品，为实践全方位立体化的出版战略奠定了基础。

知识百花园

新华出版社

新华出版社始建于1979年，是新华社主管的以出版社科图书为主的综合性中央级出版社，主要出版新闻、时政、国际、经济、文教类图书，画册、图片、挂历等艺术类图书，以及内部参考图书。新华出版社下设总编室、时政、新闻、画册图片编辑室，及三个综合编辑室、图书选题策划中心、发行中心、印制部、办公室、人事处、财务中心，以及中国年鉴社、中国新闻书店。中国新闻书店是全国唯一的国字号新闻专业书店，承担着新华出版社读

新华出版社出版的《中国汶川抗震救灾纪实》

者服务部和邮购部的职能。新华出版社出版的品牌图书有《中华人民共和国年鉴》《中南海珍藏书画集》《现场短新闻》《中国当代新闻事业史》《党的建设若干问题的理论与实践》《少年美术入门系列》《中国省市区经济地理丛书》、"影响世界的著名文献"、"阿尔文·托夫勒未来学丛书"、"世界大企业家传记""哈佛精品文库""国际问题参考译丛""国际热点报告文丛""中华职业道德教育丛书""市场经济法律丛书""新闻入门丛书""国际问题参考译丛""聚焦中美关系丛书""苏联东欧问题译丛""环球军事望""新华新闻传播书系""西方新闻传播经典文库""新中国记者亲历丛书""新中国外交亲历丛书""常青藤译丛""家教系列""金蔷薇散文名家新作文库""国学大师文丛"、《高举旗帜科学发展——中国共产党第十七次全国代表大会》《伟大的历史进程——改革开放三十年巡礼》《和平发展合作——李鹏外事日记》《桥和船——新时期领导方法》《偿还生态欠债》《改革开放的伟大实践》《历史的情怀——毛泽东生活记事》《邓小平的最后20年》《货币霸权战争》《大国悲剧》《细节决定成败》《关键在于落实》《诚信决定存亡》《中国汶川抗震救灾纪实》《用新闻拯救生命》《生命壮歌》《分享光荣与梦想》《奥运圣火全球传递》等。另外还出版发行《人居》期刊，编印具有权威性的政府机构名录和国内外工商企业名录。

◆ 北京大学出版社

北京大学出版社前身为1902年设立的京师大学堂译书局和编书处，著名翻译家、思想家严复担任译书局总办。1917年成立出版部。曾出版《北京大学日刊》《国

学季刊》等刊物和中国社会主义青年团中央的机关刊物《先驱》，还出版了李大钊、张润之的《中国国际法论》，杨昌济的《西洋伦理学史》，黄节的《诗学》，钱玄同的《文学学音篇》，梁漱溟的《印度哲学概论》等一批著名学者编写的教材和学术专著。1952年，北大出版部撤消。1979年，教育部批准成立北京大学出版社。北京大学出版社始终贯彻落实党的出版方针，本着"为人民服务、为社会主义服务"的宗旨，坚持"为教学科研服务、为培养人才服务"的方针，努力实现"学术为本、创建一流"的目标，出版高水平的高等教育教材和学术著作。

北大出版社强调学术创新和文化积累，注重出版物内容的高质量。先后出版了《全宋诗》《北京大学数学丛书》《中国文化大观系列》《文艺美学丛书》《北大院士文库》《学术史丛书》《北大名家名著文丛》《胡适文集》等三十余个系列的丛书套书，以及一大批国际学术会议文集。北京大学出版社的著名出版物有《东晋门阀政治》《中国文学简史》《比较法研究》《国际标准汉字大字典》《十三经注疏》等。

知识百花园

中国社会科学出版社

中国社会科学出版社成立于1978年6月，是由中国社会科学院创办并主管的以出版人文社会科学学术著作为主的国家级出版社。中国社会科学出版社的出版方针是：编辑出版中国社会科学院和全国哲学社会科学界、文化界学者的优秀成果，包括专著、资料、教科书、教参书、工具书和普及性读物；出版国外重要人文社会科学著作的中译本。中国社会科学出版社以具有大专以上文化程度的读者为主要对象，重点出版具有社会效益和经济效益的高水平学术著作和思想性、文化性、知识性强的通俗读物。中国社会科学出版社建社以来共出书5000余种，年出书达500种以上，著名图书产品有《当代中国》丛书、《中国社会科学院学者文选》《中国社会科学博士论文文库》《社科学术文库》《世界文明大系》《简明国际百科全书》系列、《中国法制史考证》《唐研究基金会丛书》《〈甲骨文合集〉释文》《中国历史地名大辞典》《中国道教史》《山海经注证》《中国经学思想史》《二十世纪中国百项考古大发现》《唐代文化》《中国问题报告》《剑桥中国史》系列、《新编剑桥世界史》系列、《当代经济学教科书译丛》《国外经济管理名著丛书》《西方现代思想丛书》《西学基本经典》《影响力》《朝鲜，我们第一次战败》《伪黎明》等。

◆ 高等教育出版社

高等教育出版社创立于1954年5月18日，是中华人民共和国教育部所属的出版全国高等教育、职业技术教育和成人教育教材的综合性的大型出版社。高等教育出版社业务涉及图书、期刊、音像制品、电子出版物，以及网络、电视等领域。2002年，高等教育出版社出版图书3759种，总印数达到9000余万册，各类出版物（包括图书、音像制品、电子出版物）共获得国家图

新闻出版一本通

具备多学科、多类型、多层次、多品种、多媒体形式出版能力的大型综合性出版传媒集团，综合实力和竞争力不断加强，在教材出版领域引领国内潮流。进入新世纪，高等教育出版社提出了"植根教育，弘扬文化，引领潮流，竭诚服务"新的办社理念，积极推进和实施精品战略和集团化战略，努力将高等教育出版社建成国内前列、世界知名的大型的、现代化的、综合性的教育传媒集团。

高等教育出版社

书奖、全国高等教育优秀教材奖等奖项170种，其中获国家级、省部级一等奖45种。

目前，高等教育出版社已成为

知识百花园

上海三联出版社

上海三联出版社由解放日报报业集团主管，在海内外享有盛誉。该社以具有中等以上文化水平的知识分子为主要读者对象，以具悠久历史传统的"生活、读书、新知"为出版宗旨，出版中外人文社会科学著译，兼高校教材、专业工具书、实用知识类图书。"上海三联学术文库""金融与法学原创著作丛书""天下论丛"等丛书构成了学术文化出版的强势品牌;"上海三联教材系列""学习型组织资源库"及实用经管丛书、经济、文化专业工具书显示了专业学科的鲜明特色;大众心理、文化生活系列拓展了青年读物的新知识领域。1986年复社以来,上海三联出版社已出版各类图书2000余种,其中有100余种曾获得包括中国图书奖在内的各类奖项。其《书城》杂志,是知识界的高品位读书杂志。

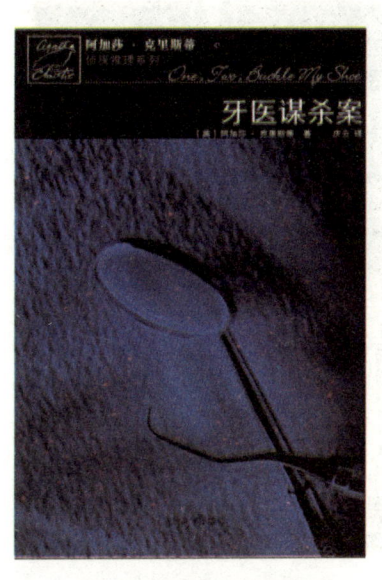

◆ 人民文学出版社

人民文学出版社1951年3月成立于北京,是国家级文学出版机构。人民文学出版社以繁荣文学出版事业,加强国家文化建设为己任,力求较全面反映古今中外的优秀文学成果。人民文学出版社以出版高档次高品位文化图书为主,兼顾通俗性读物。系统整理出版了30多位中外文学大师的全集、文集,以及汇集世界一流作家一流作品的《世界文学名著文库》(200种,250卷);整理出版了中国古代和现代作家主要作品的图书系列。人民文学出版社被赞为"代表中国文学出版社的最高水平"。

人民文学出版社设有当代文学第一编辑室、当代文学第二编辑室、现代文学编辑室、古典文学编

人民文学出版社出版的图书

新闻出版一本通

辑室、外国文学第一编辑室、外国文学第二编辑室、文化读物编辑室、教材出版中心、少儿读物编辑室等9个图书编辑室，以及《当代》《新文学史料》《中华文学选刊》《中华散文》和《文学故事报》等5个文学报刊编辑部。人民文学出版社已出版中国当代文学作品、现代文学作品、古典文学作品、外国文学古典名著以及文学理论、高校文科教材、人文科学著作等图书8000多种，发行7亿多册。

知识百花园

人民日报出版社

人民日报出版社出版的《三批判书》

人民日报出版社成立于1956年8月1日，是人民日报编委会直属的中央级社科类出版社，下设综合室、三个编辑室、发行部、《每月要文》发行部、财务室，年出书130种左右。人民日报出版社坚持高品位、高格调，出版了大量政治、经济、法律、新闻和科学文化知识等方面的图书、资料，为宣传党的路线方针政策，推进社会主义新闻理论和实践的发展作出了贡献。人民日报出版社所属的人民日报，拥有中国一流的新

第二章　书籍与出版概述

闻采编队伍，新闻来源广泛，以多视角，真实、准确、全面、及时地反映丰富多彩的社会、经济、文化生活。其著名栏目、刊物有要闻版、经济版、政治·法律·社会版、教育·科技·文化版、国际版、理论版、文艺版、体育版、《今日谈》《人民论坛》《经济周刊》《民主与法制周刊》《假日生活周刊》《大地周刊》等。

◆ 岳麓书社

岳麓书社是湖南出版投资控股集团旗下的古籍专业出版社，创建于1982年，主要负责编辑出版湖南地方古籍文献、重要史籍、古典著作普及读物、今人研究古籍和古代文化的专著与研究资料，以及中学历史教材。岳麓书社遵循"刊行古籍旧书，整理地方文献，出版学术著作，致力文化积累"的方针，推出了《船山全书》《走向世界丛书》《沈从文别集》《湘绮楼日记》《唐浩明评点曾国藩家书》等精品书籍，以深厚的湖湘文化底蕴和鲜明的古籍文化特色树立了出版品牌形象。岳麓书社还新增了台湾版图书版块和传播网络文化、勾画现代生活为宗旨的《网上俱乐部》。岳麓书社出版的中国古典名著图书在零售市场列全国同行第一。

知识百花园

古吴轩出版社

古吴轩出版社成立于1989年，每年出版文化、美术类图书约150种。

新闻出版 一本通

古吴轩出版社加盟苏州日报报业集团后，走出原先美术专业出版社的狭窄天地，在文化、旅游、生活、少儿等领域作了有益尝试，面貌焕然一新。古吴轩出版社的品牌图书有《隋唐文明》《陆文夫文集》《丑陋的中国人》《丑陋的中国人》漫画版《古国怪遇记》《求婚记》《男左女右》《南怀瑾讲述论语中的名言》《南怀瑾讲述庄子中的智慧》《南怀瑾讲述生活与生存》《南怀瑾讲述心兵难防》《南怀瑾讲述领导的艺术》《丑陋的日本人》《笛声何处》《绝世清音》《中国后花园》《苏州水》《世界文化遗产苏州古典园林》《姑苏繁华图》《苏州古版画》《桃花坞木刻年画》、"苏州文库"丛书、"忆江南"丛书、《林散之书法集》、"当代名家中国画全集"丛书、"古今名画集粹"丛书、"古今书法精粹"丛书、"中央美院专业素描"丛书、"当代艺术新主张""经典碑帖导学教程"、《摄氏零度的寂寞》、"顽皮鼠"系列、"顶点漫画"系列等。

《丑陋的中国人》插图

◆ 外语教学与研究出版社

外语教学与研究出版社，简称外研社，成立于1979年，是目前全国规模最大的专业外语出版机构。2005年外研社共出版图书2541种，其中新书718种，出版《外语教学与研究》《当代语言学》《英语学习》等十几种外语期刊。外研社拥有十个独立法人单位，近1400名员工，构成了一个学术性、教育性、多种媒体的大型出版机构。外研社共设有行政中心、财务中心、营销中心、编务中心、出版中心、国际部和事业发展部等七个职能机构，以及儿童出版事业部、基础英语教育事业部、高等英语教育事业部、综合英语事业部、学术与辞书事业部、综合语种事业部、汉语事业部和电子音像网络出版事业部等八大事业部。外语教学与研究出版社的十个独立法人企业是外语教学与研究出版社、北京外语音像出版社、北京银盘电子技术有限公司、北京外研书店、北京外国语大学印刷厂、外研社物业管理中心、北京青苹果文化发展有限公司、外研社国际会议中心、外研培训中心、北京世纪盈华信息技术有限公司。

外语教学与研究出版社围绕"面向全民外语教育，提供全面解决方案"的宗旨，形成了以幼儿、小学、中学、大学、研究生、成人教育、终生教育英语教材为主，辅以语言学与辞书、文学与读物、教辅与测试以及德、日、俄、法、西

外研社

等30多个语种和汉语及对外汉语图书出版的布局。外语教学与研究出版社出版了《李岚清教育访谈录》（英文版）、《现代汉语规范词典》《现代汉语词典（汉英双语）》和《朗文当代高级英语辞典（英英·英汉双解）》《外研社儿童英语》《NODDY学英语》《新标准英语》《新世纪小学英语》《剑桥小学英语》《新综合英语》《新编大学英语》《新视野大学英语》

新闻出版一本通

《当代大学英语》《新概念英语》图书。
《剑桥国际英语教程》等众多精品

知识百花园

作家出版社

　　作家出版社是一家成立于1953年的国家级大型文学出版社，有8个图书编辑室和《作家文摘》报社，全社员工100人。2003年，作家出版社与《文艺报》《人民文学》《诗刊》《民族文学》《中国作家》《小说选刊》《中国校园文学》《环球企业家》、中国作家网站等，组建成"中国作家出版集团"。冯雪峰、严文井、从维熙、玛拉沁夫、陈建功、张胜友、侯秀芬等曾先后出任作家出版社社长、总编辑。作家出版社的著名图书品牌有"当代小说文库""文学新星丛书""作家参考丛书"、《哈佛女孩刘亦婷》《日子》《三重门》《全国新概念作文大赛获奖作品选》、"重温经典"长篇小说系列、"当代散文大家精品文库"、《女生日记》《五三班的坏小子》《刘亦婷的学习方法和

《刘亦婷的学习方法和培养细节》

第二章　书籍与出版概述

培养细节》《霜冷长河》《千年一叹》《像少年啦飞驰》《八月未央》《莲花》《永不瞑目》《深牢大狱》《舞者》等。作家出版社出版了巴金、王蒙、季羡林、铁凝、贾平凹、二月河、王安忆、莫言、张平、张抗抗、周梅森、余华、张承志、从维熙、金庸、董桥、周汝昌、张中行、汪曾祺、黄苗子、黄永玉、冯骥才、周国平、韩少功、毕飞宇、池莉、毕淑敏、蒋子龙、张贤亮、张炜、李国文、曹文轩、魏明伦、韩寒、巩玫语、张悦然等人的作品。

◆ 线装书局

线装书局是全国唯一以弘扬中华民族优秀文化传统,以出版古今中外各类典籍、社科学术著作、文化艺术精品为主,以富于民族特色的典雅线装书形式出版古今典籍为己任的线装书国家级出版机构。线装书作为书籍的一种外观形式,表现了中华民族文化积累的深厚和高雅,其典雅的审美魅力是长存的。线装书局出版了一批具有较高学术价值、艺术价值和版本价值、收藏价值的古籍书和当代著作,其中有代表性的线装书有《日本宫内厅书陵部藏宋元版汉籍影印丛书》《南京图书馆孤本善本丛刊-明刊孤本方志专辑》《北京大学图书馆藏宋元珍影印丛刊——汉书》《资治通鉴》《中国国家图书馆藏早期稀见家谱丛刊》《史记》《永乐北藏》,以及中英文对照丝绸版《孙子兵法》《道德经》《宋词一百

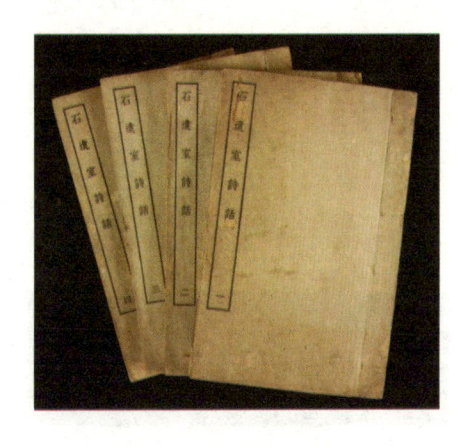

线装本

新闻出版一本通

首》；当代线装书有《毛泽东评点二十四史》《毛泽东诗词手迹》《毛泽东选集》《邓小平文选》；精装书有《中国二十世纪通鉴》《古籍珍本游记丛刊》《清代边疆史料抄稿本汇编》《中华历史人物别传集》等。这些经典著作的出版，丰富了我国的文献宝库，成为收藏之珍本、善本书。

知识百花园

长江文艺出版社

长江文艺出版社成立于1955年，已出版图书5000余种。长江文艺出版社出版了李希凡、程千帆、徐迟、碧野、邹荻帆、曾卓、苏童、余华、张一弓、二月河、方方、池莉、周国平、郭敬明、落落等人的第一本著作或力作。长江文艺出版社推出的著名图书有《跨世纪文丛》《九头鸟长篇小说文库》《中国作家作品年选》《雍正皇帝》《张居正》《白桦林校园精品文摘》《中国圣贤人生丛书》《二月河文集》《中国新诗库》《老舍小说全集》《徐迟文集》《碧野文

长江文艺出版社出版的《上官婉儿》

集》《周梅森文集》《活着》《中国新诗库》《远去的驿站》《你是一座桥》《羞涩》《生死一线》《西部的倾诉》《银城故事》《坚硬如水》《上官婉儿》《我把青春献给你》《心相约》《决战鲜朝》《奔跑的火光》《想起草原》等。

国外著名出版社

在世界上具有重要影响力的出版机构有贝塔斯曼集团、高乐尔出版公司、剑桥大学出版社、牛津大学出版社、兰根夏特出版公司、皮尔森集团、艾迪生·韦斯利·朗文公司、Adobe出版社、美国教育考试中心、哈珀·柯林斯出版集团、霍顿·米夫林出版公司、赫斯特公司、IDG公司、约翰·威得父子公司、美国麦克米兰出版公司、麦格劳·希尔公司、企鹅出版集团、兰登书屋、读者文摘、学术出版社、西蒙与舒斯特公司、汤姆森公司、威尔逊出版公司、岩波书店、角川书店、讲谈社、小学馆等。其中，著名的英国出版社主要有里德·埃尔塞维尔公司（拥有巴特沃斯出版公司、章鱼出版集团公司）、皮尔逊公司（拥有朗曼集团公司、企鹅图书公司）、哈珀柯林斯出版公司、汤姆森公司（拥有斯威特、麦克斯维尔和简氏信息集团公司）、麦克米伦出版公司、牛津大学出版社、剑桥大学出版社、布莱克韦尔科学出版公司。英国年度出书100种以上的大型出版公司有40多家，年度出书50至100种的中型出版公司有340多家，伦敦是英国的出版

新闻出版一本通

业中心。接下来我们就来介绍一些著名的国外出版社。

◆ 贝塔斯曼集团

创建于1835年的贝塔斯曼集团是世界四大传媒巨头之一,包括六个子集团:一是在全球拥有5500万会员的贝塔斯曼直接集团,是全球客户和订户购买传媒、娱乐产品的首选;二是欧洲最大电视广播集团"RTL集团",旗下拥有23家电视台、17家广播电台、大量节目内容和美国以外的最大独立电视销售商等;三是全球最大图书出版集团"兰登书屋",在全球拥有150多家出版社;四是欧洲最大、世界第二杂志出版集团"古纳亚尔",拥有100多家报刊杂志和专业网站;五是世界音乐和行业信息市场领袖、美国排名第一的单曲唱片发行公司"贝塔斯曼音乐集团",在全球拥有200多家唱片公司;六是欧洲最大传媒服务供应商"欧唯特服务集团",拥有包括世界第二大CD生产商和欧洲第一大CD-ROM生产商、在欧洲处于领导地位的印刷公司、呼叫中心、数据管理、客户关系管理公司等。

知识百花园

中国地图出版社

中国地图出版社成立于1954年,原名地图出版社,1987年改名为中国地图出版社,1997年与测绘出版社合并为新的中国地图出版社。全社职工480多人。中国地图出版社是我国唯一的中央级专门地图出版机构,

第二章 书籍与出版概述

在编制涉及标准国界线、行政管辖权等体现国家意志的法定地图方面具有绝对的权威。中国地图出版社一直承担全国中小学的历史、地理和社会等学科的教材、教师参考书、地图册、教学挂图、填充图册的编制出版任务。建社以来，中国地图出版社已累计出版各类地图、

中国地图

教材及专业书刊近9000种，发行量超过30亿册（幅），占全国地图总发行量的90%。目前已形成以实用参考图为龙头，教材与教学地图为主干，期刊杂志、测绘图书、教辅、电子地图和特种地图等业务协调发展的格局。中国地图出版社的著名图书品牌主要有《中华人民共和国香港特别行政区地图》《中华人民共和国澳门特别行政区地图》《中华人民共和国行政区划图》《中华人民共和国国家普通地图集》《中华人民共和国国家经济地图集》《中华人民共和国国家自然地图集》《中华人民共和国国家农业地图集》《中国历史地图集》《非洲地图集》《中国自然地理图集》，以及《地理》《历史》《品德与生活》《品德与社会》《信息技术》等教材。

◆ 剑桥大学出版社

英国剑桥大学出版社历史悠久，是著名的学术出版社。1534年7月20日由英王亨利八世下令创立。主要出版专业书刊，还出版教科书、试题、工具书。剑桥大学出版社下设出版部、综合业务部、印刷业务部，在美国、澳大利亚设分

85

新闻出版一本通

社。1985年年度出书1000种，期刊86种，试题2000种，在版图书8000种，年度营业额1.7亿英镑，职工1000多人。剑桥大学出版社由剑桥大学各学院推选的学者组成的出版管理委员会管理，剑桥大学校长为名誉社长，剑桥大学第一副校长为社长。

剑桥大学

知识百花园

中国少年儿童出版社

少先队标志

中国少年儿童出版社1956年6月成立于北京，是面向全国少年儿童的综合性出版社，主要出版适于15岁以下在校学生阅读，以帮助他们德智体美全面发展的各类读物，同时也出版供学龄前儿童阅听的幼儿读物。1993年10月，中国少年儿童出版社被中宣部、新闻出版署评选为优秀出版社；1996年，国家主席江泽民为中国少年儿童出版社40周年社庆题写了"出版更多优秀作品,鼓舞少年儿童奋发向上"的题词,李鹏总理题写了"少年儿童的良师益友"的题词。中国少年儿童出版社是中国最具权威的国家级少年儿童读物出版基地。其著名图书品牌有《少年百科丛书》《中华人物故事全书》,出版期刊有《中学生》《中国儿童》《儿童文学》《我们爱科学》《幼儿画报》《婴儿画报》《读书报》《中国卡通》。

◆ 牛津大学出版社

牛津大学出版社,1478年由英国印刷先驱罗德在牛津大学创立。牛津大学出版社以人文科学为主,后侧重出版科技、医药、参考工具书、经济管理等领域。如今,牛津大学出版社以出版英语教材和各种学术书籍而闻名。牛津大学出版社下设学术与综合图书出版部、教育图书出版部、期刊出版部、国际部(管理海外各分社与办事处)、行政事务部、印刷与发行部,国外子公司和办事处遍布于20个国家和地区。牛津大学出版社管理委员会由牛津大学各学院推选的20名学者组成,牛津大学第一副校长为社长。作为英语语言的权威,牛津大学出版社闻名遐迩,而在语言研究和新技术领域为牛津赢得了殊荣。牛津大学出版社的出版产品包括各学科

牛津大学

新闻出版一本通

学术著作、音乐作品、中小学和大学教材、少儿图书、以英语为外语的教学材料、商务图书、辞典、参考书、期刊等。

知识百花园

人民邮电出版社

人民邮电出版社是国家信息产业部主管的中央级科技出版社，成立于1953年10月1日。人民邮电出版社始终坚持"立足信息产业、面向现代社会、传播科学知识、服务科教兴国"的出版宗旨，如今已经成为集图书、期刊、音像电子出版物和网络出版为一体的综合性科技出版大社。人民邮电出版社出版通信、计算机、电子技术、教材、经管、集邮、交通、少儿、心理学、商务英语十类图书2300余种。尤其是人民邮电出版社在通信、电子图书领域一直保持行业领先地位，计算机图书居全国"四强"出版社之首，通信电子类图书排名第二。人民邮电出版社的出版期刊有《通信学报》《电信科学》《电信技术》《通信世界》《无线电》《集邮》《学电脑》《信息与家庭》《互联网天地》《摩托车》《高保真音响》《米老鼠》等12种期刊，年总发行量1300万册。《无线电》《集邮》《电信技术》《学电脑》《通信世界》《电信科学》等六种期刊列入新闻出版总署的"中国期刊方阵"；出版优秀图书有《邮电百科全书》《中华人民共和国建国50周年邮票图谱》《电信竞争》《TD-SCDMA第三代移动通信系统标准》《S1240高级操作维护学习系统》。

◆ 爱迪生·韦斯利·朗文公司

爱迪生·韦斯利·朗文公司是世界上最古老、最著名、最大的教育出版公司之一，出版各专业教学方面的各种图书、多媒体教材，隶属于培生教育出版集团，是培生公司的子公司。爱迪生·韦斯利·朗文公司出版了不少语言类、计算机、英语教学方面的书籍。爱迪生·韦斯利·朗文公司由三个部分组成：一是爱迪生·韦斯利公司，主要出版计算机、经济、金融、数学、物理、天文学和统计学方面的图书及电子读物；二是朗文公司，主要出版语言交流、教育学、英国语言学、历史、政治和戏剧方面的图书；三是本杰明·卡明斯公司，主要出版化学和生命科学方面的图书。

知识百花园

语文出版社

语文出版社是教育部直属出版社，是全国唯一的语文专业出版社，担负着为国家语言文字工作服务的重任。语文出版社的出书范围是：大中小学语文教材及教学参考书；基础教育、中等职业教育和教师教育有关教材；国家语言文字方针政策、法令法规、语言文字规范标准；语文工具书；语文教育教学论著；语言文字研究专著和应用类读物；以及核心期刊《语文建设》《语言文字报》。语文出版社开发、编写了体现课程改革精神和国家课程标准要求的新《语文》教材，中等职业教育文化

新闻出版一本通

课教材《语文》(基础版)、《数学》(基础版)、《英语》(提高版),高等教育自学考试中文专业教材《古代汉语》《现代汉语》《语言学概论》等。其他图书产品有小学《数学》教材、小学《写字》教材、《中学数学实验教材》《中师口语》教材、《普通话基础方言基本词汇集》《北京话儿化词典》《现代汉语规范字典》《全唐诗大词典》《宋元明清曲辞通释》以及百部万字语文丛书、红对钩系列、小学红苹果系列、高考金钥匙系列、初中迁移阅读等品牌教辅图书。

◆ 霍顿·米夫林出版公司

霍顿·米夫林出版公司是美国教科书出版公司,1832年由蒂克纳、菲尔兹在波士顿创立,主要出版大中小学教科书、参考工具书、计算机软件。霍顿·米夫林出版公司下设大学部、中小学部、商业与参考书部、教学软件部、商业软件部、国际部。霍顿·米夫林出版公司在美国国内有里弗赛德出版公司、蒂克纳·菲尔兹出版公司两家子公司;在加拿大有一家子公司。1986年,霍顿·米夫林出版公司年度出书1111种,再版图书2000种,年度营业额3.21亿美元。

知识百花园

译林出版社

译林出版社成立于1988年,前身为江苏人民出版社《译林》编辑部。作为专业翻译出版社,译林出版社主要出版面向海外的外文版图书、外语工具书、外语学习教材及学习辅导读物、外国文学作品及外国社科著作、外国文学及语言研究论著等,年出版图书500种,重版率70%。译林出版社本着"一流作家、一流作品、一流译者"的原则,形成"全部从作品母语翻译、使用规范的现代汉语"的风格,出版有《译林》杂志,是中国最大的外国文学杂志。另办有《外国文学动态》等杂志。译林出版社推出的世界文学名著是国内同类丛书中最大的一套,其精装本、平装本和普及本在读者中产生强烈反响,至今已出版100余种。译林出版社的著名图书有《第二十二条军规》《麦田里的守望者》《洛丽塔》《五号屠场》《印度之行》《西线无战事》《我的米海尔》《荆棘鸟》《教父》《沉默的羔羊》《天使的愤怒》《汉尼拔》《政治自由主义》《自我的根源》《俄国思想家》《自由史论》《文化的解释》《尤利西斯》《追忆逝水年华》《坎特伯雷故事》《二十世纪外国文学大词典》《综合英汉文科大辞典》、当代外国流行小说名篇丛书、译林少儿文库、万花筒译丛、世界英雄史诗译丛、外国文学最新佳作丛书等。

◆ 赫斯特公司

美国赫斯特公司是世界著名的消费类杂志出版商,已有115年的历史。赫斯特的业务覆盖全球,涉及报纸、杂志、广播、电视、互动媒体、商业媒体六大部分。赫斯特公司是一家多元化传媒企业,业务领域主要有:一是报纸,如SanFranciscoChronicle、CapitalRegionWeeklies等报。二是杂志,如Cosmopolitan、Esquire、Town&Country等20本杂志。三是

新闻出版一本通

美国纽约赫斯特大厦

广播电视，有20多家电视台、两家广播电台、一个电视制作公司。四是娱乐、辛迪加，涉及ESPN、历史频道等电视网、KingFeatures等报纸辛迪加。五是新媒体，主要集中在卫星广播、新兴网站等领域。六是商务媒体，如提供信息服务、电子数据库、出版物等。另外是B2B媒体，涉及汽车、电子、医药等行业。美国赫斯特公司的杂志最成功，著名品牌包括《大都市》《君子》《哈泼斯芭莎》《红宝书》《美好家居》《十七岁》。

美国赫斯特公司的另一块引人注目的业务是新媒体，具体包括：FitchGroup——信用打分系统；SlingMedia——一种远程使用家中电视或电脑的软件；E.Ink——电子书技术；TVWorks——互动电视软件。

知识百花园

上海译文出版社

上海译文出版社是中国最大的综合性专业翻译出版社，成立于1978

年1月1日。上海译文出版社的前身是上海新文艺出版社和人民文学出版社上海分社外国文学编辑室。上海译文出版社一直致力于翻译、编纂和出版外国文学作品、社会科学学术著作、各种双语词典和外语教学参考图书。编辑出版的期刊有《世界之窗》《外国文艺》《外国故事》《世界时装之苑——ELLE》《名车志》《外国文艺·译文》。上海译文出版社的著名图书品牌有"外国文学名著丛书""二十世纪外国文学丛书""现当代世界文学丛书""世界文学名著普及本""二十世纪西方哲学译丛""当代学术思潮译丛""绿色前沿译丛""海外企业家丛书",以及《创造者》《发现者》《探索者》《枪炮、病菌与钢铁》《费马大定理》《斯蒂芬·霍金传》《安然帝国梦》《第二次世界大战史大全》《改革政府》《国家的作用》《发现者》《创造者》《石油风云》《英汉大词典》《日汉大辞典》《法汉大词典》《新法汉词典》《新德汉词典》《COBUILD英汉双解词典》《新英汉词典》《新英汉小词典》《法汉词典》《德汉词典》《简明西汉词典》《简明俄汉双解词典》《朗文英汉双解活用词典》等。

◆ IDG集团公司

IDG集团公司创建于1964年,总部设在美国波士顿,在全世界85个国家和地区设有分支机构,拥有13640名编辑人员。IDG集团公司采用电子邮件、数据库、电传、联机服务等现代化信息处理和传递手段,建立了快速而全面的世界性信息网络。IDG集团公司每年发表9万余篇市场研究报告和技术发展预测报告,用25种语言出版300种有关杂志;每年举办近600场各种国际性和地区性的学术报告会、市场分析会和产品展示展览会;提供各种

新闻出版一本通

命题和定向的资讯服务。IDG公司在世界信息产业界的舆论影响力是独一无二的,也是第一家进入中国的美国技术信息服务公司。1980年在北京创办了中美合资的《计算机世界》周刊,在北京、上海、深圳等地设立服务中心,每年向业界客户提供近200份专题研究报告及咨询服务。

知识百花园

中国轻工业出版社

中国轻工业出版社成立于1954年,是中央级科技出版社,出版领域涉及科技、生活、教育、心理、少儿、时尚、生活休闲类期刊、生活音像制品。中国轻工业出版社的品牌期刊有《瑞丽》系列期刊、《现代服装》《都市主妇》;品牌图书有瑞丽袖珍丛书、大众美食、健康之路、天天饮食、吃在中国、中国结艺、室内装饰设计、万千教育、万千心理以及《区域经济学原理》《中国茶叶大辞典》等。

◆ 威尔逊出版公司

美国威尔逊出版公司成立于1898年,致力于提供高品质的网络资源和打印资源。威尔逊出版公司具有39个全文数据库、25个指数数据库(包括14项追溯数据库)、8项摘要和索引数据库、7个馆藏发展数据库及艺术博物馆图像廊(收集有155 000幅艺术图片)。威尔逊出版公司拥有开放式64位电脑网页系统的图书馆数据库，引导用户穿梭所有图书、杂志和期刊。威尔逊出版公司的图书索引功能有60多年历史，超过350 000本图书的资料无偿开放。

威尔逊出版公司具有灵活的和容易使用的数据库，是一个强大的因特网信息检索系统，提供了用户界面、多种搜索方式、交互式帮助信息，并可将全文翻译成8种语言。威尔逊出版公司的网页提供了一个管理员模块，允许图书馆自订很多功能，其中包括做详细报告的功能。图书馆可以把所有的检索需求统计分析出来，投入到更细致的市场研究中去。威尔逊出版公司的网页还具有一体化的在线服务。如果一篇文章中没有提供网页，用户只需点击网页连接图标，就会自动搜寻所有图书馆连接世界各地分馆的链接兼容数据库。威尔逊出版公司的网页还连接着图书馆的OPAC，用户可以在线咨询大量的图书信息。威尔逊出版公司的网页可以利用书目管理软件自行建立作品的书目，可以帮助他们找到所需要的信息。如此这些，都是威尔逊出版公司强劲信息竞争力的表现。

知识百花园

民族出版社

民族出版社主要是用蒙古文、藏文、维吾尔文、哈萨克文、朝鲜文等民族文字出版社会科学和自然科学各门类图书、期刊和音像制品，为

新闻出版 一本通

彝族

民族服装

中国少数民族读物的权威出版机构。民族出版社成立于1953年，致力于传播一切有利于民族地区经济和社会发展的中外科学文化知识，不断丰富各民族的精神文化生活。民族出版社设有蒙古文、藏文、维吾尔文、哈萨克文、朝鲜文和汉文6种语文编辑室，以及《民族画报》《民族团结》两个编辑部。同时设有社科理论、经济文化、民族教育等三个汉文编辑室、美术编辑室、民族音像出版社、东方民族网站、民族文化书店及新疆、西藏工作站。民族出版社在出版各民族政治经济、文化艺术、学术研究等读物方面富有专业特色。民族出版社的主要任务是用少数民族文字编译出版马克思列宁主义经典著作，中国共产党和国家领导人的著作，中国共产党和国家的重要文献，哲学社会科学基本理论读物，民族问题读物，以及语言文字、文学艺术、少数民族文化遗产、科学普及读物、工具书等。同时还有5种民族语文翻译出版的《红旗》杂志、《人民画报》及《民族画报》《民族团结》《民族文学》等期刊。

◆ 岩波书店

岩波书店是日本综合性出版社，1913年由岩波繁雄在东京创立。岩波书店主要出版各学科图书与期刊、画册、工具书，下设编辑部、行政部、生产部、财务部、辞典部、销售部、广告部、校对部。岩波书店有职工312人，社长绿川

第二章 书籍与出版概述

亨，会长岩波雄二郎。岩波书店出版了大量的学术书籍，及岩波文库、岩波新书等丛书。岩波书店出版了许多自由派思考的书籍。1933年起，岩波书店使用米勒的绘画"播种者"作为商标。1949年改组为株式会社，社长不再由岩波家世袭。岩波书店不采取退书制度，而是让书店直接将书买断。岩波书店的薪资水平为日本出版业界最高。

知识百花园

中国出版集团

中国出版集团于2002年4月9日成立，2004年3月25日成立中国出版集团公司。中国出版集团接受中央宣传部的领导、新闻出版总署的行业管理和财政部对其国有资产的监督管理。中国出版集团以中国出版集团公司为母公司，由人民文学出版社、商务印书馆、中华书局、中国大百科全书出版社、中国美术出版总社、人民音乐出版社、三联书店、中国对外翻译出版公司、东方出版中心、新华书店总店、中国出版对外贸易总公司、中国图书进出口总公司等子公司，以及新华发行集团总公司、现代教育出版社、中国图书商报社、中新联公司、中版联公司、中版通公司、中版信公司等组成。中国出版集团现有员工7600人，以出版物生产和销售为主业，是集各种介质出版物的出版和销售、连锁经营、进出口贸易、版权贸易、印刷复制、信息技术服务、科技开发、金融融资于一体的的大型企业集团。中国出版集团每年出版图书6500多种，出版音像制品和电子出版物1500种，期刊44种，报纸3种。

97

新闻出版一本通

◆ 角川书店

角川书店是日本有名的出版社，总部位于东京千代田区。角川书店是一家跨足图书、平面媒体、电影、软件等领域的公司。1992年，原社长角川春树之弟原副社长角川历彦辞职，脱离角川书店另成立MediaWorks。1993年角川春树因违反麻药法、关税法被逮捕，角川历彦则重新归回角川书店并接任社长，MediaWorks合并成为角川集团旗下。2003年4月1日，改组为新角川书店。1945年，日本学者角川源义创立了角川书店。起初以出版日本文学作品为主要业务。70年代，角川春树出版了日本历史上的著名图书——横沟正史系列作品，创造了该公司的巅峰时期。70年代后，角川涉入电影界。

角川书店出版的图书

知识百花园

上海古籍出版社

上海古籍出版社的前身为古典文学出版社，成立于1956年11月，1958年6月改组为中华书局上海编辑所，1978年1月易称上海古籍出版社，现有职工123人。上海古籍出版社设有七个编辑室、编审室、美编室、出版科、校对科、发行一、二科、宣传信息科、办公室、人事科、行政科、储运部等部门。上海古籍出版社以出版古典文学、历史、哲学、语言、科学技术、医学、军事、工具书、画册、大专教材等古籍的整理和学术研究著作为主，兼普及传统文化的读物。累计出版图书6000多种。上海古籍出版社的品牌图书有《俄藏敦煌吐鲁番文献》《法藏敦煌吐鲁番文献》《上海图书馆藏敦煌吐鲁番文献》《上海博物馆藏敦煌吐鲁番文献》《北大藏敦煌吐鲁番文献》《天津艺术博物馆藏敦煌文献》《俄藏黑水城文献》《俄藏敦煌艺术品》《英藏黑水城文献》《续修四库全书》《上海道契》《上海博物藏战国楚竹书》《中国古典文学丛书》《中华学术丛书》《海外汉学丛书》《晚清民国学术书系》《中国文学批评通史》《中国文学史》《中西纹饰比较》《谥法研究》《求索真文明》《夏商周青铜器研究》《恩辨录》《隋唐帝国形成史论》《上海史研究译丛》《中华古籍译注丛书》《二千年前的哲言》《民俗文化丛书》《文化中国经典旅程》《中国古代军戎服饰》《近代上海图史》《上海360°》《古玩真赝对比系列》《十九世纪中国市开风情》《大清帝国城市印象》《中国大佛》《中国瓷器鉴定与欣赏》《中国家具鉴定与欣赏》《中国书画鉴定与欣赏》《中国紫砂鉴定与欣赏》《中华奇石》《中国丛书综录》《中国古籍善本书目》《中国历代人名大辞典》《华阳国志校补图注》《全祖望集汇校集注》《朱子全书》等。

◆ 讲谈社

讲谈社1909年由野间清治在东京创立。讲谈社主要出版儿童、美术、文学、语言学、社会、哲学、宗教、地理、历史、科学、工业、农业、医学以及影像方面的读物。

讲谈社现有正式职工1100人，年出版新书2000种，期刊50种，漫画

新闻出版一本通

杂志14种，发行漫画单行本1.2亿册。讲谈社还在美国设讲谈社国际公司，主要出版该社英文版图书。讲谈社在日本国内设有讲谈社国际部、大阪分社、福冈分社、札幌分社、名古屋分社、仙台分社、广岛分社，社长野间佐和子，会长服部敏幸。

知识百花园

安徽出版集团

安徽出版集团成立于2005年11月，坐落在合肥政务文化新区、景色秀丽的天鹅湖畔。集团拥有全资和控股子公司11家，其中上市公司一家。分别为时代出版传媒股份有限公司、安徽人民出版社、安徽华文国际经贸股份有限公司、安徽华文投资管理有限公司、安徽省医药（集团）股份有限公司、安徽时代漫游文化传媒股份有限公司、安徽普兰德置业发展有限公司、安徽出版集团物业管理有限公司、皖宣投资发展有限公司（天鹅湖大酒店）、安徽时代典当有限公司、安徽市场报等。形成了图书、报刊、电子音像及网络、数字出版物的编辑出版、印刷、复制、发行、物资供应与经营等业务于一体，兼营商品进出口、内贸、医药、房地产开发等新兴出版业务的大型文化产业集团。安徽出版集团下属出版主要有安徽人民出版社、安徽科学技术出版社、安徽教育出版社、安徽文艺出版社、安徽少年儿童出版社、安徽美术出版社、黄山书社、安徽电子音像出版社、安徽画报（图片）社、安徽省教材出版中心等。安徽出版集团设立有北京、上海办事处。

第二章 书籍与出版概述

◆ 兰登书屋

美国出版公司，在整个20世纪的世界图书界中扮演着举足轻重的角色。兰登书屋是全世界最大的出版集团，在现代西方文化发展中起到了潜移默化的引领作用。兰登书屋的创始人是犹太人贝内特·瑟夫。兰登书屋之所以曾经令无数出版人向往，因为它出版了大量不朽的精品著作。兰登书屋的创始人贝内特·瑟夫具有浓郁的文化气质和企业家精神。对大众文化发展的准确判断和令人目瞪口呆的策划能力，使他把一本本畅销著作演绎为传奇。贝内特·瑟夫从一套现代文库起家，他曾让罗斯福总统为他的书做广告。他的一次次匪夷所思的精妙策划，令读者对他的书产生了兴趣，更记住了兰登书屋的品牌。贝内特·瑟夫绝是一个率性、有责任心的文化人，正因为如此，他所经营的兰登书屋才能得到大众和学术界的认可。

安徽合肥天鹅湖

知识百花园

中国大百科全书出版社

中国大百科全书出版社是中国编辑出版《中国大百科全书》和其他

各种综合、专业百科全书及辞书等为主，同时出版各种学术著作、普及读物的出版机构。中国大百科全书出版社1978年11月18日由中共中央、国务院批准在北京正式成立。《中国大百科全书》是中国第一部大型综合性现代百科全书，1993年8月全部出齐。中国大百科全书出版社下辖知识出版社、中国大百科电子音像出版社，拥有职工近500人，其中编辑出版人员近200人；拥有综合性办公大楼、设备先进的电脑编辑区、藏书丰富的图书馆、技术雄厚的百科术语中心。中国大百科全书出版社的著名图书还有《简明中华百科全书》《中国大百科全书（简明版）》《简明不列颠百科全书》《苏联百科词典》《中国百科大辞典》；期刊有《百科知识》《小百科》《百科知识》《电脑校园》《小百科》《城市周刊》（英文版）和《中国期刊年鉴》。

◆ 汤姆森公司

汤姆森公司是一家总部设在加拿大的全球性媒体巨头。1978年，汤姆森公司入美国大学教材和职业培训出版公司Wadsworth。1989年，汤姆森新闻集团与国际汤姆森公司合并，成立汤姆森公司。1994年，购入美国工具书和数据库服务公司——信息利用公司。1996年，购入美国著名法律出版公司——西方出版公司。1999年，汤姆森公司购入西班牙法律第一号出版社Aranzadi S.A.和美国麦克米兰图书馆工具书出版社。汤姆森公司的下属机构有汤姆森法律法规出版公司、汤姆森金融与专业出版公司、汤姆森科技教育出版公司和汤姆森学习公司。其中，汤姆森法律法规出版公司是世界上最大的法律、税务、会计出版商；汤姆森金融与专业出版公司为全球金融界提供电子信息服务；汤姆森学习公司出版教科书和教辅用书；汤姆森科技教育公司出版各种工具书和计算机软件和数据库服务，以便科学工作者阅读各种版资料。

知识百花园

武汉大学出版社

武汉大学出版社成立于1981年11月，出版物涵盖人文社会科学、自然科学、技术科学、现代生活、传统文化、大众理财等领域。武汉大学出版社坚持以"弘扬学术，关怀人生"为出版理念，坚持以"发展学术，传播先进文化，服务高等教育"为宗旨，已出版各类图书和电子音像制品8000余种，其中大学教材和

年轻时候的汤姆森

学术著作占80%以上。武汉大学出版社在法学、经济学、管理学、新闻学、信息管理科学和测绘科学等学科的教材出版形成了优势。武汉大学出版社的著名图书有"武汉大学学术丛书""武汉大学百年名典""名家学术""中国十大杰出中青年法学家文丛"，及《当代中国人口流动

新闻出版一本通

与城镇化》《国际私法》《魏晋南北朝隋唐史三论》《西方经济发展思想史》《比较刑法原理》《计算固体物理学》《电磁理论中的并矢格林函数》《经济犯罪新论》《植物有性生殖实验研究四十年》《中国劳动力流动与"三农"问题》等。

武汉大学

第三章

著名杂志

新闻出版一本通

　　"杂志"是期刊的一种,是一种有固定出版周期、固定名称,并用期号连续不断的形式,间隔、不断出版发行的出版物。"杂志"一词源自法文,本意是仓库。"杂志"源于诸如罢工、罢课、战争中的宣传小册子。"杂志"第一次被用作刊物名称,是1731年在伦敦出版的《绅士杂志》,后来就成为杂志的通称。马克思曾说,杂志的优点是"它能够更广泛地研究各种事件,只谈最主要的问题。杂志可以详细地科学地研究作为整个政治运动的基础的经济关系"。杂志按内容分为综合性期刊、专业性期刊;按学科分为社科期刊、科技期刊、普及期刊。社科期刊又分为新闻类、文艺类、理论类、评论类等;科技期刊又分为理科类、工科类、天地生化类等;普及期刊又分为知识类、娱乐类、科普类等。另外,杂志按时间分为周刊、半月刊、月刊、双月刊、季刊、半年刊、年刊等;按读者对象分为儿童杂志、青年杂志、少年杂志、妇女杂志、老人杂志、工人杂志、农民杂志、干部杂志、知识分子杂志、军人杂志;按开本分为大16开、16开、大32开、小32开;按发行范围分为内部发行、国内公开发行、国内外公开发行等。本章我们就来介绍一些国内外著名的杂志,如《读者》《知音》《半月谈》《南风窗》《新民周刊》《三联生活周刊》《凤凰周刊》《瑞丽》《青年文摘》《中学生》《新周刊》《经济学人》《自然》《FHM》《时代周刊》《远东经济评论》《财富》《读者文摘》《福布斯》《国家地理》等。

第三章 著名杂志

杂志简要概述

杂志属于期刊的一种,是一种定期发行的连续出版物,是种介于书籍和报纸之间的出版物。期刊、杂志都有一个固定的名称,并且用卷、期或年、月顺序编号出版。世界上最早出版的一本杂志是于1665年在阿姆斯特丹出版的《学者杂志》。1704年,伦敦出版了第一种介于报纸和杂志之间的定期刊物,发行者是《鲁宾逊漂流记》的作者丹尼·笛福,刊物名叫《评论》。美国最早发行的杂志是《美洲杂志》《将军杂志》,在1741年1月出版。中国最早的杂志为德国汉学家郭实腊1833年7月在广州创办的《东西洋考每月统记传》,版式采用中国传统书本样式,刊期使用清代皇帝年号纪年。"杂志"一词源自法文,这个词第一次被用以称为刊物,是1931年在伦敦出版的《绅士杂志》,后来就成为杂志的通称。最初,杂志和报纸的形式差不多。后来,报纸逐渐趋向刊载有时间性的新闻,杂志则专刊小说、游记和娱乐性文章。另外报纸的版面越来越大,而杂志则经装订,加封面,成了书的

阿姆斯特丹一景

新闻出版 一本通

形式。

杂志种类繁多，按内容分为综合性期刊与专业性期刊两类；按时间分为周刊、半月刊、月刊、双月刊、季刊、半年刊、年刊等；按读者对象分为儿童杂志、青年杂志、少年杂志、妇女杂志、老人杂志、工人杂志、农民杂志、干部杂志、知识分子杂志、军人杂志等；按文种分为中文杂志、英文杂志、日文杂志、俄文杂志等，以及满、蒙、藏、维吾尔等我国少数民族文字杂志；按开本分为大16开、16开、大32开、小32开等；按发行范围分为内部发行、国内公开发行、国内外公开发行等；按发行方式分为邮发杂志、非邮发杂志；按杂志的性质分为学术性期刊、技术性期刊、普及性期刊、教育性期刊、情报性期刊、启蒙性期刊、娱乐性期刊等。另外，按学科分为社科期刊、科技期刊、普及期刊等三大类。而社科期刊又分为新闻类、文艺类、理论类、评论类等；科技期刊分为理科类、工科类、天地生化类等；普及期刊分为知识类、娱乐类、科普类等。

杂志的出刊周期大都分为周刊、双周刊、半月刊、旬刊、月刊、双月刊、季刊、年刊。大多数的杂志采用彩色印刷，封面通常为软皮封面。杂志的收入来源主要是广告和读者的购买。马克思曾在《新莱茵报·政治经济评论》出版启事中指出，与报纸相比，杂志的优点是"它能够更广泛地研究各种事件，只谈最主要的问题。杂志可以详细地科学地研究作为整个政治运动的基础的经济关系"。杂志包罗万象，有医疗卫生、农业科学、工业技术、哲学政法、社会科学、经济财政、科教文艺、基础科学等门类。任何一种杂志均以自己的"ISSN"即国际标准连续出版物号进行出版。总之，杂志的发展对人类文化做出了不可磨灭的贡献。

第三章 著名杂志

知识百花园

北京磨铁文化发展有限公司

　　磨铁文化发展有限公司成立于2001年，致力于社科文学图书的出版发行事业，目前已出版图书200余种，逐渐形成了以畅销小说出版为主，辅以童书、社科、文化、企管、生活等图书的出版格局。2004年，磨铁文化发展有限公司在广州成立广州舞文弄墨图书发行有限公司。磨铁文化公司被民营社科书批发行业评为"原创能力最强的出版公司"。公司的口号是"跟文化死磕"。磨铁文化发展有限公司的著名图书有《北京娃娃》《秘密花园》《小公主》《波丽安娜》《海蒂》《今生今世》《禅是一枝花》《中国文学史话》《星座刑事》《草样年华》《毕翠克丝故事集》《遗情书》《天亮以后说分手》《天亮以后不分手》《红X》《谁是谁的周杰伦》《北京，这个冬天风不大》《寂寞烟花之你在哪里》《世界500强员工培训经典教程》等。

国内著名杂志

◆《读者》

　　《读者》杂志原名《读者文摘》，是甘肃人民出版社主办的一份综合类文摘杂志，创办于1981

新闻出版一本通

年4月，当年为双月刊。《读者》杂志是综合性的文摘杂志，主要刊登其他报刊、书籍已发表的精彩文章，刊登的文章涉及到文学、艺术、评论、故事，联系生活的科普小品、心理咨询。1986年，《读者》成为中国发行量最大的10家杂志之一。《读者》杂志到2005年4月份月发行量已达910万册，居中国第一，世界综合类期刊第四位，被誉为"中国人的心灵读本""中国期刊第一品牌"。

《读者》在海外华文期刊市场中占有很大份额，行销世界90多个国家和地区。《读者》杂志坚持"博采中外、荟萃精华、启迪思想、开阔眼界"的宗旨，遵循"选择《读者》，就是选择了优秀的文化"的办刊理念，发掘人性中的真善美，体现人文关怀。《读者》已经成为甘肃乃至全国的一个著名品牌。2001年被国家新闻出版总署认定为高知名度、高学术水平的"双高"期刊。《读者》杂志的主要分刊有《读者·原创版》《读者·乡土人文版》《读者欣赏》《读者·海外版》《读者·大字版》《老年博览》《飞碟探索》《故事作文》《读者爱漫画》等。

知识百花园

电子杂志

早期电子杂志是一个统称，最早出现在1993年的美国，泛指各类利用电子邮件的强大通讯功能，定期向订阅者提供信息内容的网上新媒体，一般免费订阅，其中最常见的是"邮件列表"。与营销邮件相比，

第三章　著名杂志

"邮件列表"具有具更明确的周期性，更强的针对性、服务性。目前流行的电子杂志是以Flash、视频、音频和文字组成的新兴电子杂志，最大的特点是多媒体和互动性，称为"互动电子杂志"。电子杂志已对传统杂志的发行量产生冲击。

◆ 《半月谈》

《半月谈》是以讲解时事政策为主要内容的综合性期刊，由中国共产党中央宣传部委托新华通讯社主办。1980年5月10日，《半月谈》创刊。《半月谈》为半月刊，32开本，64页，在北京出版。同时在长春、济南、合肥、南京、上海、福州、武汉、长沙、重庆、昆明、西安、郑州、乌鲁木齐印刷发行。在新疆维吾尔族自治区，《半月谈》还出版维吾尔文版。《半月谈》的读者对象主要是国内广大基层干部和群众。《半月谈》以讲解中国共产党和人民政府的政策，评说天下大事，传播和介绍政治、经济、文化、科学等各个领域的知识为宗旨，继承了50年代《时事手册》的联系群众、通俗易懂的传统，注重政治性、知识性、趣味性三者结合，被读者称为"时事政策顾问，学习生活益友"。

知识百花园

英国出版力最强的出版公司（1）

（1）牛津大学出版社。牛津大学出版社是牛津大学的出版部门，

111

创办于16世纪，下设学术与综合图书出版部、教育图书出版部、期刊出版部与国际部、行政事务部、印刷与发行部；出版范围以词典、传记、文学作品、学术专著、教科书、《圣经》为主，每年出书4000多种。牛津大学出版社在海外最大的为美国牛津大学出版社，出版范围包括学术图书、贸易类图书、人文学科和科技领域图书。牛津大学出版社在多伦多、墨尔本、奥克兰、德里、孟买、加尔各答、开普敦、约翰内斯堡、内罗毕、达累斯萨拉姆、吉隆坡、台北、新加坡、曼谷、香港和东京设立分社或办事处。

（2）剑桥大学出版社。剑桥大学出版社是剑桥大学的出版部门，1921年成立，下设出版部、综合业务部、印刷业务部，出版范围以历史、经济、企业管理、数学、生物学术书刊为主，同时出版教科书、工具书等。年出版图书1000余种，期刊80余种。在纽约、斯坦福、和加州、澳大利亚、西班牙、新加坡设有分支机构。

（3）皇家出版局。皇家出版局为英国政府出版社，1786年成立，出版英国政府及所属各部官方文件、报告、议会文件及多种图书为主，同时出版农业、林业、考古学、历史、艺术、教育、工业、商业、医学方面的书籍。年出版图书8000种，是英国最大的出版商。

（4）麦克米伦出版公司。麦克米伦出版公司是英国大型商业出版集团，1843年创立，拥有麦克米伦出版社、麦克米伦参考服务、自然出版集团等。在美国、日本、澳大利亚、新西兰、印度、香港、马来西亚等70个国家和地区设分公司和办事处。年出版图书1500余种。

（5）培格曼出版公司。培格曼出版公司英国大型商业出版集团，是英国第一大科技期刊出版社，1948年创立。拥有霍尔丹与马克斯韦出版公司、阿拜丁大学出版社、布拉西防务出版公司、培格曼情报基数公司等10余家公司。总部在牛津，并在美国、联邦德国、加拿大、澳大利亚、日本、印度、巴西、巴基斯坦、黎巴嫩、苏联、中国香港等地设立子公司或办事处。出版范围以科技、医学、教育类专业书刊为主。

◆《南风窗》

《南风窗》杂志1985年创刊，一直坚持严肃的新闻理念，敏锐而深刻的新闻价值探索与判断，强调建设性与分寸感的务实新闻操作，形成了《南风窗》对社会问题特有的解读和视角，以及特有的文采风格，因而吸引了中国社会的主流人群并得到读者认可，成为中国最具影响力的新闻杂志。《南风窗》不仅记录、见证了中国社会发展的重要历史阶段，而且做到了"与共和国同行"。《南风窗》深切关注中国社会的转型问题，率先推出"社改元年""构建和谐社会""底层关怀""公共利益""宪政文明""告别GDP崇拜""生态政治"等重大"核心议题"。《南风窗》杂志始终以开放的心态透视全球化背景下的世界形势，紧密追踪中国政经领域和社会文化变革中的重大事件、热点难点，汇聚主流精英和人民大众的声音，提供建设性的思考，从而形成推动中国社会前行的精神合力。

《南风窗》

英国出版力最强的出版公司（2）

（1）朗曼出版集团公司。朗曼出版集团公司于1724年创立，拥有企鹅图书公司、皮特曼出版公司、瓢虫图书出版公司、麦克唐纳·埃文斯出版公司等10余家子公司，在美国、加拿大、澳大利亚、意大利、联邦德国、西班牙、印度、新加坡、香港、非洲、南美等20多个国家和地区设有子公司与办事处。其出版范围以教科书、青少年读物、词典为主，年出版图书1000种。

（2）哈珀柯林斯出版公司。哈珀柯林斯于1819年创立，拥有柯林斯精装书出版公司、柯林斯教育出版公司、柯林斯·方丹纳纸皮书出版公司等子公司，在澳大利亚、新西兰、加拿大、南非、加勒比海地区设子公司。其出版范围以青少年读物、小说、非小说、传记、教科书、词典为主，年出版图书628种。

（3）联合图书出版公司。联合图书出版公司在20世纪60年代由20家出版社联合而成，成员包括梅休因出版公司、查普曼和霍尔出版公司、斯庞公司。其在美国、加拿大、澳大利亚、新西兰设子公司，出版文学、科技、心理、法律类图书，年出新书1500种。

（4）里德·埃尔塞维尔公司。里德·埃尔塞维尔公司是世界著名的出版商和信息服务供应商，主要经营活动在北美和欧洲，1993年由里德国际公司和埃尔塞维尔出版公司合资建立，年营业额达34亿英镑。其目的是通过提供各种信息服务成为科学家、律师和商业人士的主要合作伙伴。公司业务分为科技期刊和数据库出版，如《柳叶刀杂志；专业图书

第三章　著名杂志

出版；商业信息服务。

◆ 《新民周刊》

《新民周刊》是目前中国国内报刊零售和自费订阅市场上发行量最大的时政类周刊，是上海第一份综合性新闻期刊。1999年1月，《新民周刊》创刊。《新民周刊》始终以"影响主流"为己任，关注"新闻、新知、新锐，民生、民情、民意"，力求理性、冷静、智慧的办刊风格。《新民周刊》以时政、经济、社会、文化、科技报道为主，注重对当下重大新闻事件、经济现象、社会焦点的解析；其"言论"、"调查"、"巴黎人文旅游""绿色GDP漫谈""书评"等栏目广受关注；2003年底，《新民周刊》在国内首推"年度封面人物"评选。《新民周刊》是《文汇报》、《新民晚报》联合组建文汇新民联合报业集团后新创的第一份媒体。《新民周刊》在上海的政府与社会机构管理者阶层、职业经理人阶层以及其他知识人群中深具影响力。《新民周刊》是一份具有海派新锐气息的周刊，平和、理性、智慧，是"观点供应商"。《新民周刊》以深度事实为基础，清晰地提出"我们影响主流"的社会责任和办刊理念，擅长深度报道、背景报道、图片报道。

知识百花园

北京紫图图书有限公司

北京紫图图书有限公司自2001年创立以来，一直秉承"传承中国文

化，奉献悦读和收藏"的图书策划理念，被《新周刊》《周末画报》等杂志誉为"最具活力和创意的图书公司"。北京紫图图书有限公司已出版400余种图书，形成了十大热销书系，即"藏密文库""图解经典""国际大师风水""人气绘本天后""悦读经济学""百年畅销""巨木丛书""读行天下""少年馆""宝典馆"等。其《图解黄帝内经》《图解西藏生死书》等屡获国内外出版界的青睐和效仿。北京紫图图书有限公司的"黑镜头"系列图书开创了中国"读图时代"的先河，"发现世界"历史文化图文丛书引领了中国彩色图文书的浪潮，"读行天下"新型旅游图文书带动了古镇旅游和特种旅游的时尚。"紫图大师图典"和"紫图速查手册"系列成为高品位新型阅读的标志。《中国自助游》《中国古镇游》《中国姓氏游》《东南亚十国游》等系列自助游成为中国最畅销自助游手册。北京紫图图书有限公司的姐妹公司是读行天下网络科技公司。北京紫图图书有限公司设置有编辑中心、总编室、版权部、发行中心、策划宣传、物流中心、财务中心、结算中心。

◆《三联生活周刊》

《三联生活周刊》由中国出版集团下属的生活·读书·新知三联书店主办，是一份有着广泛影响力的综合性新闻和文化类周刊。《三联生活周刊》的前身为邹韬奋先生在20世纪20年代创办的《生活周刊》，1995年由三联书店于北京复刊，定位是做新时代发展进程中的忠实记录者，更多关注新时代中的新生活观。《三联生活周刊》的读者对象主要是受过高等教育、关心时代发展进程、不断从中寻找自己的新型知识分子。《三联生活周刊》成为他们了解周围世界的工具。《三联生活周刊》的文章既有采访深入、报道角度新颖、阐述透彻的社会和经济生活类新闻,又有高雅、前卫、风趣的文化生活类小品,是目前国内具有影响力的综合性新闻和文化周刊。《三联生活周刊》受到中国各类专业知识分子的热情肯定。

知识百花园

中国著名杂志

中国著名杂志主要有《应用写作》《新发现》《半月谈》《求是》《南风窗》《新民周刊》《三联生活周刊》《新周刊》《时代邮刊》《中国企业家》《城市画报》《新闻周刊》《瞭望东方》《中国青年》《凤凰周刊》《意林》《读者》《青年文摘》《米老鼠》《科幻世界》《漫友》《童话大王》《少年漫画》《看电影》《艺术与设计》《时尚》《瑞丽》《亚洲周刊》《一本便利》《壹周刊》《新新闻》

《童话大王》

新闻出版一本通

《商业周刊》《天下杂志》《世界腕表杂志》《爱人》《中国国家地理》《女友校园CUTE》《女友家园LOVE》《都市丽人》《瑞丽·服饰美容》《都市文萃》《瑞丽·伊人风尚》《卫视周刊》《健康之友》。

◆ 《凤凰周刊》

《凤凰周刊》是香港凤凰卫视控股有限公司主办，由香港凤凰周刊有限公司编辑出版。《凤凰周刊》获得中国国务院新闻办公室和中国国家新闻出版署特许在中国内地发行，是种以报道时事、政治、文化为主的政经大刊。作为一本连接内地与香港澳门台湾三地的刊物，《凤凰周刊》致力于打造一种华人圈的对于时事文化报道的权威态度与立场，揭示影响中国以及世界的重大事件、非常人物，以及华人圈最关注的政经新闻。《凤凰周刊》追求民主、法制、公正、客观、中立和文明进步；不党、不派、不私、不卖、不盲，力求成为无特定商业利益的、独立的社会公器；不依附任何党团社群组织。凤凰卫视董事局主席刘长乐先生亲自担任凤凰周刊有限公司董事长和出品人。

知识百花园

国外著名杂志

国外著名杂志主要有《经济学人》《GQ》《新科学家》《FHM》《自然》《时代》《新闻周刊》《美国新闻与世界报道》《远东经

第三章 著名杂志

济评论》《福布斯》《财富》《读者文摘》《旗帜周刊》《国家地理》《Wired》《花花公子》《科学美国人》《发现》《科学》《纽约客》《ViVi》《PINKY》《Sweet》《Scawaii》《Glamorous》《JELLY》《Glitter》《WoofinGirl》《BOAO》《Blenda》《ElleGirl》《HappieNuts》《nonno》《mina》《seventeen》《soup》《PS》《popteen》《zipper》《mini》《ranzuki》《kera》《spring》《seda》《cutie》《egg》《cawaii》《nicola》《street》《anan》《jille》《fruits》《looks》《love berry》《fine》《spy girl》《steady》《hanachu》《nadesico》《honey girl》《haco》《装苑》《smart》《vogue》《spur》《ginza》《figaro》《elle》《fudge》《high fashion》《luire》《nikita》《bazaar》《cancam》《ray》《more》《with》《oggi》《style》《miss》《anecan》《classy》《baila》《voi》《luci》《grazia》《very》《saita》《voi prink》《25ans》《lee》《in red》《domani》《image》《precious》《grace》《story》《rapty》《ryuryu》《smart》《mens nonno》《popeye》《fine

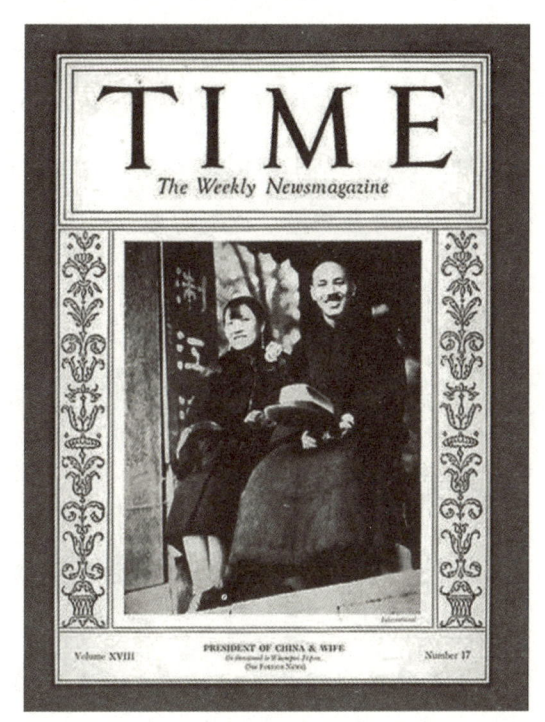

《时代周刊》

boys》《huge》《cool trans》《invitation》《tune》《street jack》《mens club》《style book》等。

◆《瑞丽》

1995年9月，北京《瑞丽》杂志社成立，宗旨为中国女性"设计美丽，设计生活"。《瑞丽》的创办是中国轻工业出版社立足于中国的读者需要和市场的空白点，而策划和出版的。《瑞丽》杂志社兼营广告、发行、活动推广、品牌包装、模特经纪等多项商业与传媒业务，分支机构包括上海记者站、广州记者站，并在香港、深圳等地设立办事机构。北京《瑞丽》杂志社是以平面媒体和网络媒体经营为核心业务的传媒企业，拥有发行量稳居全国第一位和第二位的两大时尚类杂志《瑞丽服饰美容》《瑞丽伊人风尚》。《瑞丽》杂志社拥有中国最大的女性门户网站——瑞丽女性网；拥有中国发行总量最大、品种最丰富的系列时尚刊书——瑞丽BOOK；拥有中国最大的时尚媒体客户数据库——瑞丽读者数据库，以及最大的瑞丽模特资源储备库。

知识百花园

《亚洲周刊》

《亚洲周刊》是全球第一本且是目前唯一一本国际性中文时事周刊。《亚洲周刊》为全球华人提供每周最新的区内及全球时事资讯，以

第三章　著名杂志

他们熟悉的语言及华人的价值观报道和分析新闻，也是国际华商的资讯平台。《亚洲周刊》涵盖的内容包括经济、政治及社会文化等各个领域，受全球华人关注，尤其是香港、台湾、新加坡及马来西亚等地区。《亚洲周刊》以中文报道新闻资讯，为使用不同方言的各地华人读者构筑文化桥梁。

◆《青年文摘》

《青年文摘》是一本文摘类月刊，具有青春活力，针对青年人，集中了从青春型期刊、报纸及书籍中精挑细选出来的名篇佳作，包括散文、故事、纪实、趣闻、漫画，其中包含着青春独白，情感美文，随笔杂感，哲理杂文，讲述了各种各样的故事和经历。《青年文摘》是新时期青少年成长、成才、成功的心灵读本。《青年文摘》以"宏扬先进文化，服务引导青年"为办刊宗旨，汇萃海内外名篇佳作。《青年文摘》内容观点健康，思想厚重，表达方式新颖，青春色彩浓郁。读者以17~25岁为主，刊出的每篇文章都经过了认真的精编细选，具有很高的阅读、欣赏和收藏价值。

《青年文摘》

◆《中学生》

《中学生》杂志是一本有悠久

历史的刊物，创刊于1930年1月，由我国著名教育家夏丏尊、叶圣陶创办，共青团中央主管，中国少年儿童新闻出版总社主办。1949年后，党和国家领导人对《中学生》杂志十分重视。毛泽东主席于1964年秋为《中学生》题写刊名；董必武、徐向前、薄一波、王任重、康克清、任建新等同志先后为该刊题词或撰稿；郭沫若、严济慈、巴金、茅盾、周谷城、胡愈之、高士其、冰心、叶圣陶、刘心武、张抗抗等先后为该刊题词或撰稿。所有这些，都一直鼓舞着广大中学生奋发向上。

《中学生》杂志以"以知识为本，与时代同步，为校园剪影，和青春作伴"作为出版方针，是我国第一家专门为中学生创办的综合性读物。自创刊以来，一贯坚持正确的政治方向，质量不断提高。《中学生》所传播的知识，紧跟时代且注重读者的全面发展，寓思想教育于生动感人的故事之中，坚持德育与智育相结合，作文与做人相统一，强烈地吸引着广大中学生。

◆ 《新周刊》

《新周刊》是"中国最新锐的时事生活周刊"，创办于1996年8月18日，已成为中国社会变迁最敏锐的观察者与记录者。《新周刊》是读者眼中的"观点供应商"，始终给读者带来新鲜的撞击与概念，引导读者关注正在发生和将要发生

《新周刊》

的趋势。《新周刊》是媒体同行和创意工作者眼中的"话题发源地",是商家及投资人眼中不可忽略的"智囊"和"思想库"。

《新周刊》的品牌栏目有"弱智的中国电视""飘一代""她世纪""第四城""无厘头.com""80年代下的蛋""忽然中产""贱客来了""女人生猛",以及一年一度的"大盘点""情人节特辑"。同时,《新周刊》每年发布的"中国年度新锐榜""生活方式创意榜""中国电视节目榜""中国城市魅力榜"这"四大榜",已成为生活、经济、文化、城市发展的风向标。

知识百花园

《新周刊》四大榜

(1)中国电视节目榜。《新周刊》以《弱智的中国电视》《春节联欢晚会:十六年之痒》《砸烂电视》《1999中国电视节目榜》等系列报道,见证并推进了中国电视的发展,并以响亮的声音和深刻的见解,成为评价中国电视的舆论先锋。2000年开始,《新周刊》连续多年全方位、多角度、大规模地对跨媒体中国电视节目、节目主持人、中国电视业年度发展业绩进行立体审视。中国电视节目榜已成为《新周刊》最有价值的品牌。

(2)生活方式创意榜。生活方式创意榜创于2002年,每年年中发布对每年中国人生活中的优秀创意的评选结果。设立了"创意生活

TOP10"、"生活方式创意榜主榜"两大类别，榜项包括年度创意城市、年度创意营销、年度创意传媒、年度创意TV秀、年度创意旅游、年度创意空间、年度创意人居、年度创意建筑、年度创意产品、年度创意人、年度创作人、优化生活特别贡献奖等。

（3）中国城市魅力榜。《新周刊》的《城市魅力排行榜》《城市败笔》《第四城》《外滩和它倡导的生活》等系列专题报道，联合《南方周末》、新浪网等国内强势媒体，史无前例地对中国城市的魅力指数进行一年一度的大型评选。同时，中国城市魅力榜对首个中国民间大型"城市论坛"的建立奠定了基础，对中国城市的发展起到积极的影响。

读书

（4）中国年度新锐榜。1998年开始，《新周刊》创立"年度榜"，纵览年度时局，指点社会趋势。2001年，"年度榜"变身"中国年度新锐榜"。中国年度新锐榜由《新周刊》会同中国强势媒体联手缔造，以"传媒看中国"为视角、以"新锐"为标准。"中国年度新锐榜"已成为中国华语传媒中最具权威性和影响力的公众评选活动。

◆《意林》

《意林》杂志创刊于2003年8月。意林中的"意"的意思是意境、意韵、意义、意味，"林"即智慧之林，"意林"就是通过很多故事营造生命意境、展现哲思意韵、阐述人生意义、透析生活意味。《意林》杂志的特点主要有：一是绿色的封面，是健康与活力的象征；二是绿色的纸张，即把健康和环保融入字里行间；三是绿色的内容，即走进心灵深处，把爱织入心田；四是以特有的专题、话题等栏目及时捕捉社会热点，引人深思，与时代同步；五是文章故事性强，简短生动，意韵深长，给予读者幸福感和感受快乐的能力，提高读者的生活智慧。《意林》既是一本现代人的心灵鸡汤，同时又是生活智慧的指南。

《意林》杂志倡导积极健康的思想理念，关注现实生活，贴近现代人的内心世界，弘扬博爱宽容的为人处世之道，表现人与人之间最真实的情感接触。《意林》杂志是目前中国最有影响力的励志杂志之一。读者年龄主要集中在13~45岁的社会各界人士，重点是在校学生。《意林》杂志以"一则故事，改变一生"为宗旨，通过"小故事大智慧、小故事大道理、小视角大意境"，坚守"励志、感动、启迪、提升"的办刊理念，力图通过温馨的故事、生动的语言，补充读者的生活经历，延展读者的精神边界，打造中国人最真实最贴心的心灵读本。

知识百花园

北京日知图书有限公司

北京日知图书有限公司成立于1993年，是一家专业从事图书选题策划、书稿编辑、设计制作、图书发行的企业，逐渐形成"日知图书"这

新闻出版一本通

一独具特色的书业品牌。目前,"日知图书"以"渠道内容服务商"的商业模式、"优秀大众彩图版图书"的产品品质,在读者中树立了良好的企业形象。日知图书始终坚持追求卓越的创新精神,产品领域涉及社科、收藏、少儿、生活四大领域。著名图书产品有《中国通史》《中国共产党历程》《邓小平手迹选》《幼儿十万个为什么》《中国通史少年彩图版》《游遍中国》《上下五千年》《图说天下·中国历史系列》,及"图说天下""收藏入门百科""日知生活"等。

◆《看电影》

《看电影》原名《LOOK看电影》,1999年11月,靠翻译外刊起家。《看电影》以介绍欧美电影为主,在影迷圈中有不错的口碑。2001年6月《LOOK看电影》刊登启事,正式更名为《看电影》,并改为半月刊。而今,中国的电影杂志中,《新电影》早已销声匿迹,《世界电影之窗》刚起步,只留下《电影世界》《环球银幕》《看电影》三家相互竞争。《看电影》杂志以新片报道、专题策划和影评见长。其新片报道以好莱坞和国产大片为主。在这一点上,《看电影》没有走出中国电影杂志的怪圈,即对好莱坞大片、国产大片的关注度很高,而对小成本电影和纪录片的关注却很少。香港《电影双周刊》编辑阿木认为:"我觉得没有真正自己的电影杂志,我们的电影杂志偏向于介绍海外的电影,对于国内每年的两三百部电影,则缺乏足够的关注。而且,很多资讯也并非第一手的资讯,而是通过翻译等手段用的第二手资讯。"

《看电影》杂志的定位是"中国影迷第一刊",其文章关注的往往是热点的电影、热点的问题。《看电影》的专题策划通常以一点

第三章 著名杂志

切入，从而对相关影片进行盘点。2002年到2004年之间，《看电影》做了很多非常精彩的专题。如"霍乱时期的爱情""战争抚摸的瞬间"等。《看电影》的著名栏目有影评专栏"天地街66号""人文欧洲""巨匠"。2005年1月，《看电影》增刊《午夜场》。午夜场是铁杆影迷最扎堆的电影场次，代表着影迷对一部电影最为苛刻，也是最为准确的评判，同时也代表着更为精细的胃口。《午夜场》中"拉片室"对镜头的解析和对经典影片的解读非常适合成熟影迷的胃口。2006年，《看电影》通过对零散的栏目进行整合，正式形成"电影手册"大板块，涵盖了经典礼拜、人文欧洲等栏目，以适应"成熟影迷"的需求。

国外著名杂志

◆ 《商业周刊》

《商业周刊》"杂志"形成于罢工、罢课或战争中的宣传小册子。最早出版的一本杂志是于1665年1月在阿姆斯特丹由法国人萨罗出版的《学者杂志》。随着社会的广泛需求，杂志的影响力逐渐扩大，产生了各种杂志，如医疗卫生、农业科学、工业技术、哲学政法、社会科学、经济财政、科教文艺、基础科学等类别。下面介绍在国内外具有广泛影响力的杂志——《商业周刊》。

《商业周刊》是一个全球性的商业媒体组织，为世界各地的商业精英提供商业报道和解析。由美

新闻出版一本通

国麦格劳·希尔出版社于1929年创刊发行，发行范围超过140个国家，是全球最大的商业杂志，每周发行量达120万本。美国《商业周刊》提供深入独到的见解和细致详尽的信息，帮助专业人士在商业、财务及事业发展方面作出更明智的决定。通过美国《商业周刊》的报道，读者能掌握财经大事、金融趋势和预测、科技应用等领域的最新动向。《商业周刊》的读者群包括高层政府官员，以及制造业、通讯业、银行业、金融业的精英。1986年《商业周刊》与中国对外经济贸易合作部携手合作，创办了《商业周刊》中文版，已成为中国工商界最受推崇的商业杂志，为中国管理阶层提供新颖独特的管理知识、市场趋势及科技发展信息。

◆《新闻周刊》

《新闻周刊》由托马斯·J.C.马丁于1933年2月17日正式在美国创立出版发行。1937年，马尔柯姆·米尔成为该刊主编及总裁，他加强了该刊文章的可读性，引入了新的署名专栏和国际版面。1961年，《新闻周刊》被《华盛顿邮报》收购，新闻范围涵盖美国国内外大事、商业、科技、社会、艺术和娱乐等方面。经过多年经营，《新闻周刊》的发行量已经达到440万份，拥有大西洋版本、拉丁美洲版本、亚洲版本等。《新闻周刊》总部设在纽约，在全球有22个分支机构。其中在美国国内9个，其余分布在北京、开普敦、法兰克福、香港、耶路撒冷、伦敦、墨西哥城、莫斯科、巴黎、东京和华沙等地。《新闻周刊》在美国境内始终紧随《时代》，扮演着第二大新闻类周刊的角色。在美国《时代》《美国新闻与世界报道》《新闻周刊》这三大新闻周刊中，《新闻周刊》的立场最左，倾向于自由派。

第三章　著名杂志

◆《经济学人》

《经济学人》杂志于1843年9月由詹姆士·威尔逊创办，创办的目的是"参与一场推动前进的智慧与阻碍我们进步的胆怯无知之间的较量"，这句话被印在每一期《经济学人》杂志的目录页上。真正使《经济学人》发扬光大的是第三任主编、威尔逊的女婿沃尔特·白居特，他使杂志的触角向政治问题延伸。如今，《经济学人》的文章涉及时事、商业、金融、经济、科学、技术和艺术。2006年3月，约翰·麦克列威特接任《经济学人》第16任主编。

《经济学人》的发行人是经济学人报纸有限公司，该公司是经济学人集团的全资子公司，而经济学人集团的一半股份由《金融时报》拥有。经济学人集团的收入，一半来自读者订阅，另一半是广告收入。《经济学人》以鲜明的观点，置疑的眼光，深度的调查分析，独立和全球化的视角，博得了全球超过100万读者的信任。直到今天，《经济学人》始终坚持着经济自由主义、政府不干涉主义、平等竞争主义，始终用批判的眼光审视时事，关注自由和个体的权利。

知识百花园

世界经济学人集团

世界经济学人集团是全球领先的战略管理咨询、商业教育培训、人

新闻出版 一本通

力资本外包、商业互动媒体机构，专门为忙碌的经济学人提供专业化、国际化的咨询方案、管理媒介、人力测评等个性化服务和在线互动平台。集团总部在美国纽约，亚洲区总部在中国香港，在中国大陆的北京、上海和广州设有分支机构。世界经济学人网站是世界经济学人集团旗下专为企业家和职业经理人而设的互动门户，既可以为高端商务人士提供管理实务、营销策略、管理文库等工具型的文章文案，又快速报道财经消息、企业动态、商业领袖等经过加工的媒体资讯。搜寻某一公司或产业时的信息包括企业规模、市场表现、主要竞争对手、潜在竞争对手、竞争趋势、产品或营运类别、财务报告与新闻分析报导等。世界经济学人集团的专家和智库来自斯坦福大学、哈佛大学、多伦多大学、剑桥大学、耶鲁大学、麻省理工学院、哥伦比亚大学、英国牛津大学等世界顶级学府，发布的公司数据和品牌价值评估报告，已成为企业并购、上市公司年报的重要参考依据。世界经济学人集团的高品质体现在两个方面：一是研究管理团队国际化，主要专业研究人员和战略咨询专家都具有全球顶级商学院深造或任教的资历；二是研究方法和对象标准化，研究的企业大部分是跨国公司，其研究的标准和模型都具有学科前瞻性和世界领导性。

经济

第三章　著名杂志

◆ 《自然》

《自然》是世界上最早、最有名望的科学杂志，首版于1869年11月4日。在《自然》上发表文章是非常光荣的，《自然》上的文章经常被引用，这有助于晋升、获得资助和获得其他媒体的注意。因此，科学家在《自然》或《科学》上发表文章上的竞争性非常强。与其他专业的科学杂志一样，在《自然》上发表的文章需要经过严格的同行评审。在发表前编辑会选择其他在同一领域有威望的、但与作者无关的科学家来检查和评判文章的内容。作者要对评审做出的批评给予反应，比如更改文章的内容，提供更多的试验结果，否则，编辑可能拒绝刊登该文章。

《自然》的主要读者是从事研究工作的科学家。但《自然》杂志前部的文章也适合一般公众读者。《自然》杂志前部的文章主要包括社论、新闻及专题文章，以报道科学家一般关心的事物，如最新消息、研究资助、商业情况、科学道德和研究突破等。《自然》杂志也介绍与科学研究有关的书籍和艺术。《自然》杂志的其余部分主要是研究论文，这些论文往往非常紧密，非常有技术性，代表着科研的最新动向与成果。

◆ 《时代周刊》

《时代周刊》是美国影响最大的新闻周刊，有世界"史库"之称。1923年3月由亨利·卢斯和布里顿·哈登创办。刊名最初为《事实》，后改用现名，由时代华纳公司在纽约出版。《时代周刊》的宗旨是要使"忙人"能够充分了解世界大事，辟有多种栏目，如经济、教育、法律、批评、体育、宗教、医药、艺术、人物、书评和读者来信等。《时代周刊》大量使用图片和图表，是美国第一份用叙述体报道时事，打破报纸、广播对新闻垄

新闻出版一本通

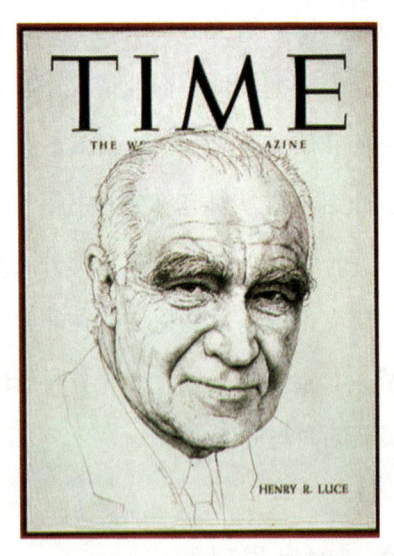

《时代周刊》中的亨利·卢斯

断的大众性期刊。《时代周刊》的读者主要是中产阶级和知识阶层，拥有一批精明能干的撰稿人、记者，覆盖面遍布全世界。

《时代周刊》的特点主要有：一是报道的分类化与国际化。《时代》的口号是："《时代》好像是由一个人之手写出来给另一个人看的。""它对各个领域的报道，都不是写给各个领域的专家看的，而是写给《时代》的'忙人'看的。"成为20世纪30年代流行的解释性报道的先驱。"立足美国、关注全球"一直是《时代》的特色。《时代》对新闻的关注极其敏锐，哪里有好新闻，哪里就有《时代》记者的身影，笔端触及到世界的每一个角落。以其中的"世界瞭望"为例，在2002年3月15日的该栏目中报道了来自中东、法国、俄国、英国、爱尔兰、阿富汗、阿尔及利亚、巴基斯坦、南韩、印度、美国、加拿大等十几个国家和地区的新闻。《时代》追溯孤立事件的来龙去脉，介绍外国国家，援引它们的政治情况，使复杂的国际问题个人化。二是报道的深刻性、权威性。《时代》的创始人卢斯曾说："天下有两种新闻：快新闻和慢新闻。慢新闻具有深度，应回答更多的问题，让人有更多的时间思考，因而能影响更多的读者。快新闻没有这种功能，转瞬即逝。《时代》的任务就是要为慢新闻提供更广阔的空间。此外，慢新闻比快新闻更容易赚钱。"因而《时代》的报道非常详尽，通过图表、数据、贴身采访和大量的幕后工作把最值得关注的东西呈现在读者的眼前。三是媒体的互动性。随着传媒、通讯、软件、娱乐、互联网、金融资本、影视、电子工业的相互渗透、交融和影响，杂志正成为和其他类型的交流形式发生互动影响的新工具。《时代周刊》是最早全文上网的杂志之一，其网站可以浏览自1994年以来各期的所有内容。《时代周刊》网站吸引人的还是其特色栏目，如曾举办过"20世纪最具影响人物"的评选。另一比较引人的特色栏目是每年一度的"封面人物"，收集有自1927年以来所有《时代》封面人物的背景资料。除了网络的互动，《时代》和美国有线电视网CNN的合作也非常成功。总之，多媒体互动在《时代》得到了很好体现。

第三章 著名杂志

◆ 《美国新闻与世界报道》

《美国新闻与世界报道》是美国综合性报道和评论的英文周刊，是仅次于《时代》周刊和《新闻周刊》的第三大新闻杂志，这三种杂志统称美国三大杂志。《美国新闻与世界报道》在1948年由《美国新闻》《世界报道》和《美国周刊》三种杂志合并而成，原属"美国新闻与世界报道公司"，1984年为波士顿地产商兼出版商莫蒂默·朱克曼所有。1933年创立时名为《美国新闻》，1948年和《世界报道》合并。1983年以来，《美国新闻与世界报道》开始对美国大学及其院系进行排名，具有较高的知名度。

《美国新闻与世界报道》在编排版面上不同于《时代》周刊和《新闻周刊》，它以专题报道美国国内外问题及美国官方人物访问记而显其特色。相对来说，《美国新闻与世界报道》的文字浅显易读。

除着重报道国际国内新闻外，内容侧重于政治、经济和军事述评，内容较严肃。《美国新闻与世界报道》有关军事力量和战略动态的报道和分析，广受各方重视。《美国新闻与世界报道》每期内容约有五分之二的版面是针对世界一定地区的专门问题而进行报道的。《美国新闻与世界报道》的编辑部位于华盛顿特区，总部设在纽约。

◆ 《远东经济评论》

《远东经济评论》杂志原为周刊，后因财政困难而从2004年11月4日起改为月刊。《远东经济评论》没有常驻记者，倚靠在亚洲各地的作者供稿，这些作者均为某方面的专家。《远东经济评论》杂志现由美国的道琼斯公司和《华尔街日报》拥有，总编辑为雷斯塔尔。1970年，新加坡总理李光耀在新加坡成功控告杂志的编辑"参与国际共产主义活动，以挑拨新加坡和马来西亚的关系"。1980年，杂志报导新加坡扣留罗马天主教的人员，其后被新加坡总理李光耀禁止其在该国出版。2006年10月起，《远东经济评论》在新加坡被禁，原因是未能遵守新加坡的《报纸和印刷出版法》。

《远东经济评论》以分析和评论亚洲的政治、商业、经济为主，包罗科技、社会和文化的内容，尤其重视东南亚和大中华的信息。《远东经济评论》以强调本地区观点和坚持新闻独立而闻名。《远东经济评论》提供有关亚洲商业、经济和政治的最新、最权威的报道分析。2004年底改版后的《远东经济评论》成为一本关注亚洲事务的月刊，致力于提供原创、独立的关于亚洲事务的深层分析和评论，许多杂志供稿人是知名政要、学者和商业领袖。

知识百花园

世界著名的科学杂志（1）

世界著名的科学杂志有《人类环境杂志》《麻醉进展》《生物医疗器械操作和技术》《细胞应激与侣伴蛋白》《环境毒物学与化学》《爬虫学》《爬虫学专论》《综合环境评估与管理》《海岸研究杂志》《血管内治疗杂志》《哺乳动物学杂志》《植入牙医学》《哺乳动物种群》《儿科与发育病理学》《藻类学》《牧场生态与管理》《牧场》《肌力与体能训练研究期刊》《裂腭与颅面杂志》《学校护理杂志》《力量与训练研究杂志》《野生动物管理杂志》《杂草科学》《杂草技术》《野外与环境医学》《野生动物学会公报》《入侵植物科学和管理》《寄生虫学杂志》《华盛顿生物学会会报》《干细胞》《美国智力迟钝杂志》《精神发育迟缓》《杂志俱乐部》《内科学纪事》《生物科学》《美国保健系统药房杂志》《美国神经放射学杂志》《植物细胞》《植物生理学》《农业应用工程》《技术图

藻　类

书馆》《生物工程评论》《农业安全与健康》《美国农业工程师协会汇刊》《农学杂志》《农作物科学》《环境质量杂志》《植物登记杂志》《美国土壤学会志》《影响评估与项目评价》《研究评价》《科学与公共政策》《化学产品与加工模具》《健康经济学和政策论坛》《国际化学反应堆工程杂志》《国际新兴电力技术期刊》《国际食品工程期刊》《国际护理学术教育期刊》《替补与合成药物杂志》《运动与身体活动影像研究杂志》《运动定量分析杂志》《遗传与分子生物学之统计应用期刊》《非线性动力学和计量经济学研究》《国际生物统计学杂志》《食品，文化与社会》《中欧化学杂志》《中欧数学杂志》《中欧物理学杂志》《基因和发育》《染色体组研究》《学习与记忆》《蛋白质科学》《核糖核酸》。

◆《财富》

《财富》杂志由美国人亨利·鲁斯创办于1930年，主要刊登经济问题研究文章，现属时代华纳集团旗下的时代公司。《财富》杂志自1954年推出全球500强排行榜，历来都成为经济界关注的焦点，影响巨大。《财富》杂志举办了一系列引人注目的财经论坛，如著名的《财富》全球论坛、世界500强年会。《财富》全球论坛开

《财富》杂志英文封面

第三章 著名杂志

始于1995年。《财富》杂志的500强排行榜已成为世界上最具影响的企业排名之一，而《财富》全球论坛则被视为世界经济界巨头"脑力激荡"、"激发新思维"的良机。一直以来，"财富论坛"和"500强"维持着西方在财经领域的话语霸权。

1954年，美国《财富》杂志开始以严谨的评估推出全球最大500家企业的名单，"全球500强排行榜"从此产生巨大影响，以至超越国家、民族、文化而成为全球经济的一个标准。迄今为止，就影响力而言，没有任何一种媒体的"排行榜"能望其项背。"全球500强排行榜"已成世界知名企业用来判断自身实力、规模和国际竞争力的重要指标，也是世界经济状况的晴雨表。列入世界经济500强，对企业来说不仅仅是一种莫大的荣耀，同时也意味着企业的无形资产在一夜之间得到了数以亿计的增长。

《财富》杂志利用其影响力举办了一系列的财经论坛，如《财富》500强论坛（首席执行官）、《财富》首席金融官论坛等。《财富》杂志于1995年开始主办世界500强年会，即《财富》全球论坛，每年在世界上选一个具有吸引力的"热门"地点举行一次，以邀请全球跨国公司的董事长、总裁、首席执行官及世界知名的政治家和学者参加，共同探讨事关世界经济发展全局的重大问题。

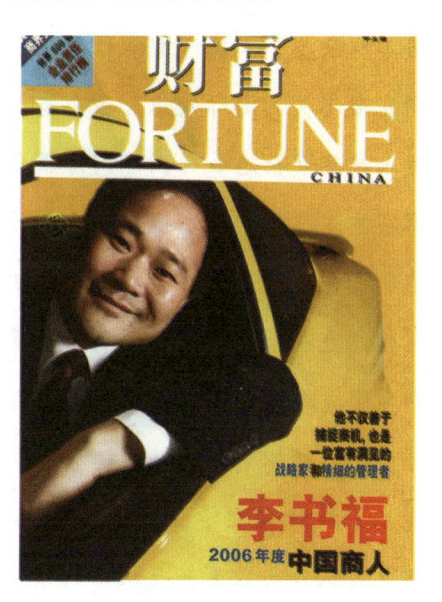

《财富》杂志中文封面

世界著名的科学杂志（2）

世界著名的科学杂志有《冷泉港实验室实验方案》《美国生态学会通报》《生态应用》《生态学专论》《生态学》《生态学与环境新领域》《人的因素》《信息源管理杂志》《国际企业信息通讯与网络化杂志》《国际电子商务案例杂志》《国际认知信息和自然智力杂志》《国际数据仓储与回采杂志》《国际远程教育技术杂志》《国际电子商务研究杂志》《国际电子协作杂志》《国际电子政府研究杂志》《国际企业信息系统杂志》《国际保健信息系统与信息学杂志》《国际信息与通讯技术教育杂志》《国际信息安全和隐私杂志》《国际信息技术与网络工程杂志》《国际智能信息技术杂志》《国际信息技术标准与标准化研究杂志》《国际知识管理杂志》《国际语义网与信息系统杂志》《国际人技交互杂志》《国际网络服务研究杂志》《国际网基学习与教学技术杂志》《信息技术案例杂志》《数据库管理杂志》《机构电子商务杂志》《全球信息管理杂志》《组织和最终用户计算杂志》《决策分析》《信息系统研究》《美国运筹和管理学协会计算期刊》《界面》《管理科学》《制造业与服务业的经营管理》《销售学》《运筹学数学》《运筹学》《组织科学》《运输科学》《行为医学年报》《应用发育科学》《应用神经心理学西》《大洋通讯杂志》《行为睡眠医学》《儿童保健》《认知与教育》《认知科学》《创造力研究杂志》《发育神经心理学》《生态心理学》《保健通信》《国际航空心理学杂志》。

第三章 著名杂志

◆《纽约客》

《纽约客》，也译作"纽约人"，是一份有关美国知识、文艺类的综合杂志，内容覆盖新闻报道、文艺评论、散文、漫画、诗歌、小说，以及纽约文化生活动向等。《纽约客》原为周刊，后改为每年42期周刊加5个双周刊。《纽约客》现由康得纳斯出版公司出版。《纽约客》不是完全的新闻杂志，然而它对美国和国际政治、社会重大事件的深度报道是其特色之一。《纽约客》杂志保持多年的栏目"城中话题"专门发表描绘纽约日常生活事件的短文章，文笔简练幽默。每期杂志都会点缀有《纽约客》独特风格的单格漫画，让人忍俊不禁。尽管《纽约客》上不少的内容是关于纽约当地文化生活的评论和报道，但由于其高质量的写作队伍和严谨的编辑作风，使《纽约客》拥有众多的读者。

《纽约客》杂志

知识百花园

世界著名的科学杂志（3）

世界著名的科学杂志有《国际行为医学杂志》《国际人与计算机交互作用杂志》《国际测试杂志》《广播与电子媒介杂志》《癌症教育杂志》《儿童少年精神医学会杂志》《社区保健护理》《组织计算与电

子商业杂志》《无线电通信研究杂志》《数学思维与学习》《体育与锻炼科学评估》《测评：跨学科研究与视角》《军事心理学》《营养与癌症》《阅读科学研究》《结构均衡模式》《医学教与学》《人文心理学》《媒体管理杂志》《应用陶瓷进展》《热带医学与寄生虫学纪事》《热带儿科学纪事》《采矿与冶金学会汇刊》《应用地学》《英国陶瓷汇刊》《英国腐蚀杂志》《腐蚀工程科学与技术》《跨学科科学评论》《国际铸造金属研究杂志》《国际材料评论》《钢铁冶炼》《苔藓杂志》《能源学会志》《材料研究创新》《材料科学与技术》《材料技术》《矿物加工与提取冶金学》《采矿技术》《神经病学研究》《疼痛临床》《乳头状瘤病毒报告》《理疗评论》《塑料橡胶及复合材料》《粉末冶金》《疼痛减轻进程》《氧化还原作用报道》《焊接与连接科技》《表面工程》《成像科学杂志》《金属精饰学会汇刊》《超声波》《艾滋病患者医疗与性传播疾病》《艾滋病研究和人体逆转录酶病毒》《替补治疗方法》《抗氧剂与氧化还原信号》《验定与药品开发技术》《天体生物学》《肥胖症及其手术病人护理》《生物安全与生物恐怖主义》《生物技术法律报告》《母乳喂养医学》《癌症生物疗法和放射性药物》《细胞保存技术》《克隆与干细胞》《电脑心理学与行为》《糖尿病诊断技术与治疗学》《疾病管理》《DNA和细胞生物学》《环境工程科学》《环境公正》《食源性病原体与疾病》《遗传检验》《高海拔医学与生物学》《人类基因治疗》《杂交瘤》《工业生物技术》《喷雾医疗杂志》《交替与补偿医学杂志》《青少年精神药理学杂志》《计算生物学杂志》《内泌尿学杂志》《妇科外科学杂志》。

◆《读者文摘》

第一次世界大战期间,德惠特·华莱士先生在一场战役中受伤。在医院休养期间,华莱士先生阅读了大量杂志,吸取很多有趣的资讯,同时他也发现很少人能有时间看那么多杂志,从而悟出把这些文章摘录及浓缩后出版的念头。1920年,他把各类精选文章辑录成《读者文摘》样本,展示给美国各大出版商,希望有人愿意出版,但是全遭拒绝。华莱士没有放弃,于是决定自行出版,他与妻子莉拉在家里工作,终于在1922年2月出版了第一期《读者文摘》。创刊号印刷了5000本,订价25美分,以邮寄方式送往1500个付款订户。1929年,《读者文摘》开始批给报摊及零售商发售,到了1935年,《读者文摘》发行量已达到一百万册。1938年《读者文摘》开始发行英国版。第二次世界大战期间,增添了拉丁美洲版、瑞典版。

《读者文摘》杂志创刊初期,内容以转载其他报章和杂志的文章为主,但现今也有不少内容是由编辑部自行采访,或由特约撰稿人所写,此外也欢迎读者投稿。《读者文摘》认为,通过为各个领域的读

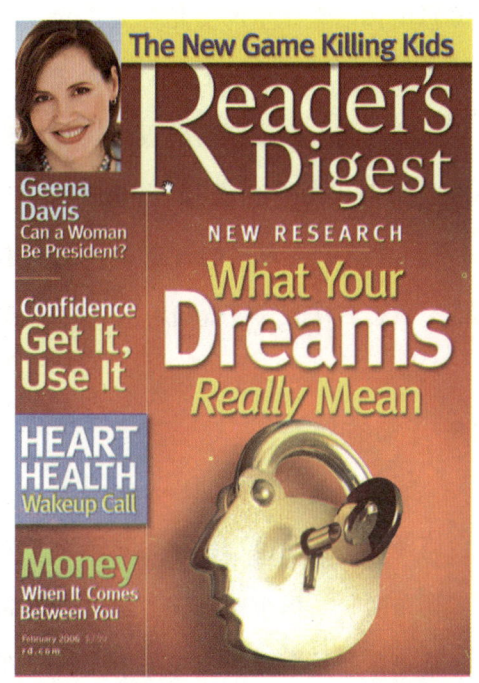

《读者文摘》英文版封面

新闻出版 一本通

者提供他们感兴趣的东西,可吸引广大的读者群。《读者文摘》的一大特色在于他们的推销手法,透过以直销函件寄往目标客户。此外,会定期举办区域性的"百万大抽奖""读者文摘信誉品牌颁奖礼"等,加强杂志在读者心中的品牌和企业形象。《读者文摘》亦会不定期出版不同类型的精装书,成为读者收藏的精品。《读者文摘》国际中文版于1965年3月创刊,首位总编辑由林语堂先生的女儿林太乙女士出任。2004年11月,《读者文摘》公司与上海市新闻出版局宣布建立长期出版合作关系。2008年1月,首期《读者文摘》在中国上市,杂志名称改为《普知》。

◆《福布斯》

福布斯英文名字叫Forbes,在台湾译为"富比世",在大陆译为"福布斯"。福布斯有三个含义。一是福布斯是个集团;二是个人,全名是史提夫·福布斯,是福布斯集团的总裁;三是福布斯先生经营的世界上最著名的财经杂志《福布斯》。《福布斯》杂志是美国最早的大型商业杂志,前瞻性强,观点鲜明,反传统,不拘一格,简明扼要。福布斯杂志的口号为"永不停息"。现任福布斯公司总裁及首席执行官斯蒂夫·福布斯,总是以敏锐的目光对美国经济做出准确的判断,他的文章因此被认为是美国经济的"诊断书"。他同时也是《福布斯》杂志的总编辑。

《福布斯》杂志著名的是福布斯富豪榜,这是全球最权威的财富榜。《福布斯》杂志的前瞻性报道为企业高层决策者引导投资方向,提供商业机会,被誉为"美国经济的晴雨表"。《福布斯》为双周刊杂志,每期刊登60多篇适应于公司和公司经营者的评论性文章,语言简练,内容均为原创。《福布斯》的文章着重于描写企业精英的思维

第三章　著名杂志

方式，秉承"以人为本"的理念，倡导"企业家精神"，不停留在新闻事实的报道上，着力于洞悉新闻背景、把握动态信息和行业趋势，深入探讨和研究企业运作的经济环境。2003年4月，《福布斯》来到中国。《福布斯》中文版为中国追求创业价值观和自由企业精神的高层企业决策者打造创富工具。

知识百花园

《中国国家地理》杂志

《中国国家地理》杂志的主办者是中国科学院地理科学与资源研究所及中国地理学会。《中国国家地理》是一本科学传媒，关注未知世界的新发现和新进展，追逐对已知现象的再探索和再认识。《中国国家地理》用精准、精彩、精炼的图文语言，讲述社会热点、难点、疑点话题背后的地理科学故事，在秉承保护地球、探索未知、推进文明的基础上，涉及了各种有趣的话题，如天文、地理、生物、人文、历史诸领域新近发生的有价值的事件及重大考古发现、后旅游时代出行的理由、都市白领的生活方式、探险的经历、著名科学家的人生轨迹、文化版图的胀缩等。《中国国家地理》杂志于1950年1月创刊，是国内目前最具权威和影响的自然和人文地理及旅游、探险类杂志，有一大批自然地理和人文地理的专家学者作为该社顾问。《中国国家地理》具有很强的可读性和收藏价值，特色栏目有国家地理推介之旅、私人博物馆、世界自然文化遗产、生态圈透视、民族风情写真、地理视点、地理文萃。

◆《国家地理》

《国家地理》是美国国家地理学会的官方杂志，在国家地理学会1888年创办的九个月后即开始发行。《国家地理》每年发行12次，杂志的内容为高质量的关于社会、历史、世界各地的风土人情的文章。《国家地理》的印刷和图片质量为人们所称道，这使得《国家地理》成为来自世界各地的摄影师所梦想发布自己照片的地方。《国家地理》杂志的另一特色是经常提供高质量地图。美国国家地理学会的地图档案曾经为美国联邦政府所采用，以弥补美国军方地图资源的不足。2001年，《国家地理》发布了一套8张CD的合集，内容包括从1888年至2000年12月的所有杂志地图。现在《国家地理》杂志已成为世界上最广为人知的一本杂志，其封面上的亮黄色边框，以及月桂纹图样已成为象征，同时这些标识也是《国家地理》杂志的注册商标。

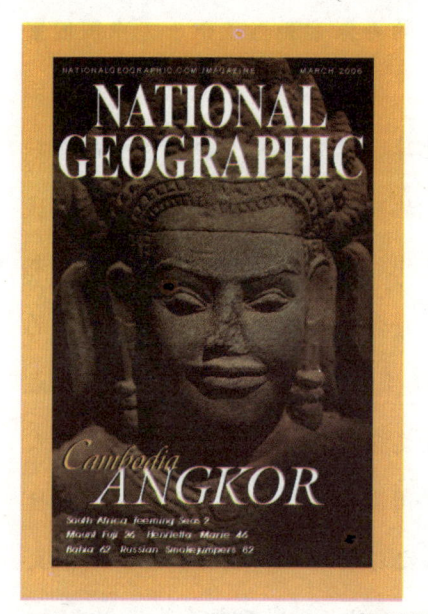

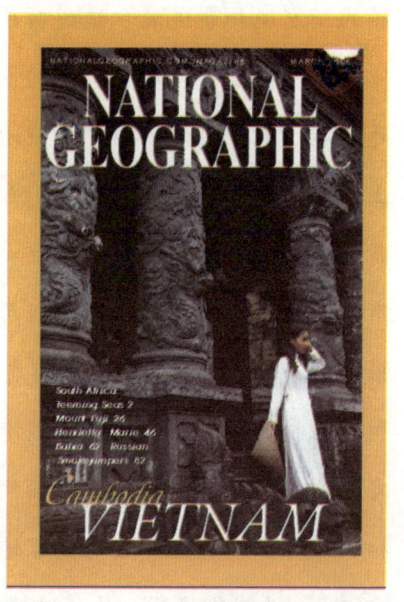

《国家地理》杂志封面

第三章 著名杂志

知识百花园

世界著名的科学杂志（4）

世界著名的科学杂志有《干扰素与细胞激活素研究杂志》《腹腔内窥镜与先进外科技术杂志》《药物强化性食品杂志》《神经外伤杂志》《眼科药理学与治疗学杂志》《姑息医学杂志》《妇女保健杂志》《淋巴研究与生物学》《医学针灸》《代谢综合征与相关紊乱》《微生物抗药性：机制、传染与疾病》《肥胖预防与治疗》《聚核苷酸》《OMICS：整合生物学杂志》《儿科哮喘、变态反应与免疫学》《光医学与激光外科学》《抗衰老研究》《干细胞与发育》《外科感染》《可染性》《远程医疗杂志与电子保健》《甲状腺》《组织工程》《传病媒介与动物传染病》《病毒免疫学》《斑马鱼》《吸附科学与技术》《结构工程进展》《建筑声学》《能源与环境》《能源勘查与开发》《国际空气声学杂志》《国际建筑计算杂志》《国际空间结构杂志》《低频噪声、振动与有效控制杂志》《世界噪音与振动》《风力工程》《应用生理学、营养和代谢》《生物化学和细胞生物学》《加拿大土工杂志》《加拿大植物学杂志》《加拿大化学杂志》《加拿大土木工程杂志》《加拿大地球科学杂志》《加拿大渔业与水生科学杂志》《加拿大林业研究杂志》《加拿大微生物学杂志》《加拿大物理学杂志》《加拿大生理学与药理学杂志》《加拿大动物学杂志》《环境评论》《基因组》

《环境工程与科学杂志》《泡沫聚合物》《国际聚合物科学与工艺学》《高分子和高分子复合材料》《橡胶、塑料与回收利用技术进展》《英国橡胶与塑料研究会评论报告》《生殖生物医学在线》《国际生物多样性科学与管理杂志》《国际可持续发展与全球生态学杂志》《玻璃工艺：欧洲玻璃科学技术杂志》《胸腔》《美国病理学杂志》《分子诊断学杂志》《林业纪事》《循证助产学》《助产士杂志》《生物学通信》《皇家学会界面杂志》《皇家学会札记与纪事》《哲学汇刊，A辑：数学、物理学与工程学》《哲学汇刊，B辑：生物科学》《会报，A辑：数学、物理学与工程学》《会报，B辑：生物科学》《临床生化纪事》《临床风险》《网上保健信息》《保健事业管理研究》《国际性传播疾病与艾滋病杂志》《健康服务研究和政策》《医学筛选检查杂志》《远程医疗与远程护理杂志》《英国更年期医学会杂志》《皇家医学会志》《实验动物》《静脉学》《热带医师》《制图学》《学术出版杂志》《兽医学教育杂志》《环境与历史》《环境价值》。

第四章 著名报纸

新闻出版一本通

报纸是指以刊载新闻和新闻评论为主，通常散页印刷，不装订、没有封面的纸质出版物。报纸有固定名称，面向公众，定期、连续发行。多数报纸每日出版一次或数次，也有每周出版几次或每周出版一次的。现代报纸起源于德国15世纪出现的印刷新闻纸，即单张单条的新闻传单。历史学家把1615年创刊的《法兰克福新闻》视为第一张报纸。"报纸"的英文词"Newspaper"最早出现于1665年英国第一家报纸《牛津公报》上。1650年，德国莱比锡出现最早的日报——《新到新闻》。日报成为报纸主角，是18世纪以后的事。日报的普及，标志着一个国家或地区的新闻业得以成熟，因为日报对信息的采集和发送、印刷技术、新闻人员的素质和管理人员的水平，都有很高的要求。报纸按对象分为行业报纸、大众报纸；按印刷载体分为卫星报纸、网络报纸、电子报纸、纸质报纸。中外著名的报纸有《人民日报》《参考消息》《中国青年报》《光明日报》《工人日报》《农民日报》《解放军报》《北京晚报》《北京青年报》《扬子晚报》《羊城晚报》《燕赵都市报》《南方周末》《新民晚报》《新都市报》《文汇报》《时代商报》《新快报》《深圳晚报》《华尔街日报》《泰晤士报》《纽约时报》《新加坡联合早报》《华盛顿邮报》《基督教科学箴言报》《费加罗报》《大公报》。接下来，本章就来说一说有关报纸的话题。

第四章　著名报纸

简述报纸的定义

报纸是指以刊载新闻和新闻评论为主，通常散页印刷，不装订、没有封面的纸质出版物。报纸有固定名称，面向公众，定期、连续发行。多数报纸每日出版一次或数次，也有每周出版几次或每周出版一次的。距今2000年前，中国就出现过类似报纸的文书抄本，是当时的官府用以抄发皇帝谕旨和臣僚奏议等文件及有关政治情况的刊物，称为"邸报"。这种邸报具有现代报刊的某些特点，是最早的"政府公报"。藏于敦煌莫高窟的唐代《进奏院状》，是中国已知最早的一份手抄邸报，已有1000多年历史。

现代报纸起源于德国15世纪出现的印刷新闻纸，即单张单条的新闻传单。使用印刷术印报大约在1450年的欧洲。最早报道哥伦布发现新大陆经历的报纸出现在1493年，是罗马当时印制的第一份报纸。当时的报纸只是在有新的消息时才临时刊印。1609年，索恩在德国出版了《艾维苏事务报》，每周出版一次，这是世界上最早定期出版的报纸。当时报纸消息的来源一般都依赖于联系广泛的商人。通常历史学家把1615年创刊的《法兰克福新闻》视为第一张报纸。"报纸"的英文词"Newspaper"最早出现于1665年英国第一家报纸《牛津公报》上。1650年，德国莱比锡出现最早的日报《新到新闻》。

149

新闻出版一本通

初期的报纸和杂志是混同的,有新闻,也有各种杂文和文学作品一起简单装订成册。对于这个时期的报纸和杂志,通常称为"报刊",英国、法国、中国早期的"报刊"便是指这种初期的报纸。英国和法国从18世纪起,报纸与杂志开始分离。在我国出版的第一张汉文日报,是1858年在香港创办的《外中新报》。林则徐所办的《澳门新闻纸》,是我国最早的译报。1872年广州出版的《羊城采新实录》,是我国内地出版的第一家近代化报纸。1873年艾小梅、汉口创办的《昭文新报》是中国人创办的最早的中文报纸。我国近代著名报纸有《时务报》《民报》《新青年》。

报纸可以作为商品,也可以作为政治斗争的宣传品。历史上,西方发达国家的报纸大多经历了三个发展时期:一是官报时期;二是党报时期;三是商业报纸时期。在官报时期,报纸对于封建王权来说,主要是政治斗争的宣传品。党报时期,相当多的报纸从属于各个政党或派别,为各自的利益作宣传,但也存在较大的有明显政治倾向的商业性报纸。19世纪中叶,美国、英国等主要资本主义国家的多数报纸,每份报纸的价格开始大幅度降价,从而使得与普通民众接近。当报纸面向下层公众之时,它们开始最大限度地争取公众,以赢利为主要目的。于是,党报时期结束,进入商业报纸时期。

报纸按出刊期间分为日报、周报、双周报或更长时间的报纸;按出刊时间的不同分为日报、早报、晚报;按政治立场的不同分为左报、右报;按收费与否分为收费报章、免费报章;按媒体形态不同分为印刷报章、网上版报章、电子报、电子手帐版报章。如今,为了最大限度地扩大发行量,报纸除了刊登新闻和强化新闻的平民化

第四章 著名报纸

外,越来越多地增加了娱乐方面的内容。在与电子媒介的竞争中,报纸新闻的深度报道得到更大的重视。大众化报纸逐渐在报纸总体中占据了很大的份额,但以中上层公众为读者对象的所谓"高级报纸"也逐渐稳定下来,于是形成大众化报纸、"高级报纸"各自的生存空间。一般说来,大众化报纸发行量巨大,获利较多;"高级报纸"发行量有限,但在影响舆论方面占据主导地位。

关于报纸的职能,从不同角度,会得出不同的看法,例如从政党机关报的角度,报纸的职能即是"它能使党的纲领路线,方针政策、工作任务和工作方法,最迅速最广泛地同群众见面。"法国新闻学者贝尔纳·瓦耶纳认为报纸的职能主要是报道职能,随之而来的是辩论职能(即传播观点的职能),附带娱乐职能。总之,报纸就是以

报　纸

新闻出版一本通

刊载新闻和时事评论为主的定期向公众发行的印刷出版物,是大众传播的重要载体,具有反映和引导社会舆论的功能。

几种新形态报纸

我国的第一份官方报纸是1902年天津的《北洋官报》;第一份中文商业报纸是1858年的《香港中外新报》;第一份商业性报纸是1857年的《香港船头货价纸》;第一份我国境内出版的中文报刊是1833年的《东西洋考每月统记传》;第一份英文报纸是1827年的《广州记录报》;第一份国内现代报纸是1822年的《蜜蜂华报》;第一份近代华文报刊,也是第一份宗教报刊是1857年的《察世俗每月统记传》。一般说来,报纸的基本组织架构由编辑、记者、校对、印刷及发行构成。其中,编辑负责编排每段新闻摆放的位置及拟定标题,审阅内文,甚至调配记者工作;记者负责采访、拍摄、撰稿;校对负责审查错别字。下面我们就来介绍现代报纸体系中富有代表性的网络报纸、卫星报纸、电子报纸、大众报纸。

◆ 网络报纸

从世界范围看来,在因特网上建立网站发布网络版报纸始于1994年,至1994年底,共有78家报纸发行了网络版。到1997年,网络报纸已发展到1900多家。1998年10月初,《美国新闻评论》杂志网站公布的数据表明,全世界的网络报纸已增长至4295家,1998年底增至4925家。网络报纸的发展大致有

第四章 著名报纸

以下几个阶段：一是电子版阶段，即网上所有内容都是纸质报纸的翻版；二是超链接阶段，即通过网面上具有特定颜色的超链接，使读者随时通过链接从这一网站跳到另一网站，以寻求所需信息。同时，在各网络报纸的网站上还开辟BBS、邮件列表等服务，供受众在网上发布信息；三是多媒体阶段，由于技术水平及设备完善程度的限制，网络报纸要达到完整的多媒体阶段还有待时日。

◆ 卫星报纸

卫星报纸是由荷兰Satllite Newspapers Worldwide公司发明的一种现代报纸媒体发行模式——卫星报纸系统。即通过卫星系统，将各国的报纸原版信息收集并发送至各专利终端设备上，读者通过

卫 星

153

以信用卡或专用卡的方式支付购买报纸的费用。卫星报纸使分布于世界各地的读者能通过当地的终端，即时打印出读者想要阅读的当天的报纸，实现报纸媒体的全球当天发行，即时阅读。

◆ 电子报纸

电子报纸由美国《哥伦布电讯报》于1981年推出。电子报纸的特色之处在于——读者家中装有与电脑中心连接的电脑终端，电脑可同时提供多种报纸内容，由读者选看。

◆ 大众报纸

大众报纸也称廉价报纸。近代报刊出现后经历了政党报刊和黄色报刊时代。19世纪30年代出现了人人都看的报纸——大众报纸。大众报纸的特点主要有：内容以报道新闻，社会事件和提供娱乐为主；发行量大，一般为几万，几十万份；读者不限于特定的社会群体，而是面向分散的不定量的受众；广告收入成为报纸经营的主要财源。大众报纸的出现，标志着人类开始进入大众传播时代。

知识百花园

报纸的结构构成

报纸不论大小，都由报头、报眼、版位、栏目组成。（1）报头总是放在最显著地位，大都放在一版左上角，也有的放在一版顶上面的中

第四章 著名报纸

间。报头最主要的是报名，一般由名人书法题写，也有的作黑体字。报头下常用小字注明编辑出版部门、出版登记号、总期号、出版日期等。未经登记的报刊不管内容如何，都不能公开发行。（2）报头旁边的一小块版面，通称"报眼"，一般用来登内容提要、日历、气象预报、重要新闻或图片、广告。（3）报纸的版面位置叫版位。第一版是要闻版；在横排报纸的版面上，左上角要比右上角重要。（4）栏目是报纸定期刊登同类文章的园地，如"科技天地""国际瞭望""读者来信"等。除栏目外，还有一些不定期的专版，范围比专栏更大一些，如庆祝节日时的征文专版，及问题讨论专版；（5）广告是当代报纸常用的一种宣传手段，主要是商业广告，及通告、通知、启事、文化娱乐广告等。

国内著名报纸

◆《人民日报》

《人民日报》是中国共产党中央委员会机关报，创刊于1948年6月15日，1949年3月15日迁入北京。同年8月1日，《人民日报》转为中国共产党中央委员会机关报。《人民日报》是当今中国最具权威性和影响力、发行量第二大的综合性报纸，每天发行量高达300万份。《人民日报》被联合国教科文组织、世界报业协会评为"世界十大主要报刊之一"。作为中央机关报的《人民日报》由晋冀鲁豫中央局机关报《人民日报》与晋察冀中央局机关

新闻出版一本通

《人民日报》

报《晋察冀日报》合并而来。《晋察冀日报》由中共北方局北方分局机关报《抗敌报》改名而来。从1937年12月11日《抗敌报》创刊、1946年5月15日晋冀鲁豫《人民日报》创刊，至1949年8月1日，《人民日报》正式成为中共中央机关报，人民日报共出版过9种报纸，依次是《抗敌报》、《晋察冀日报》、晋冀鲁豫《人民日报》、华北《人民日报》、《人民日报》北平版、《北平解放报》、《人民晚报》、《人民日报》和《人民日报》（北平新闻）。

《人民日报》于1948年6月15日在河北平山县西柏坡创刊。1937年12月11日，晋察冀边区党的领导机关报《抗敌报》创刊，是抗日战争全面爆发后，中国共产党在敌后抗日根据地创办的第一份党报，也是人民日报报系中创办最早的报纸。1938年4月10日，邓拓担任《抗敌报》报社主任。1940年11月7日，中共北方分局决定将《抗敌报》更名为《晋察冀日报》。1946年7月1日，毛泽东为中共晋冀鲁豫中央局机关报《人民日报》题写了"人民日报"报头。1948年6月15日，《人民日报》开始使用毛主席第二次题写的"人民日报"报头。1949年3月14日，中共华北中央局机关报《人民日报》由河北平山县迁入北平市

第四章　著名报纸

西柏坡

（今北京市）出版。1956年，《人民日报》进行了重要改革，制定出以扩大报道范围、改进文风为主要内容的改革方案。1978年，《人民日报》参加了关于实践是检验真理的唯一标准的大讨论。1978年末，在农村家庭联产承包责任制从萌芽发展到全面贯彻执行的过程中，《人民日报》进行连续报道，对农村经济改革起了促进作用。为适应海外华侨华人和国外读者的需要，《人民日报》于1985年7月1日创办海外版。

《人民日报》的主要内容有：一是理论宣传与经济报道。从理论与实际相结合的角度，分析解释和解答现实问题，包括经济和政治体制改革、一国两制等重大问题，以及日常工作和生活中的具体问题；将经济宣传放在首位，全面报道经济政策、经济改革、经济建设、对外经济交往、经济知识及经济界人物。二是报纸批评与读者来信。开展批评和自我批评是发扬

党报传统和发挥舆论作用的重要方式之一。有对领导机关和负责干部缺点错误的批评，也有对日常工作和生活中具有普遍性的缺点错误的批评；每周有两个"读者来信"专版，以批评、建议为主，成为反映群众呼声、上下沟通的渠道；三是国际报道和专栏专刊。每日以两个版的篇幅报道国际重大事件和经济科技信息，发表评论，阐述中国对外政策，分析国际事件的发生和发展，提供新闻背景材料；设有"市场随笔""民族大家庭""法制园地""人民子弟兵""群言录""国际札记""大地漫笔"等专栏，以及"文艺评论""作品"等专刊。

人民日报社在社长、正副总编辑和编辑委员组成的编辑委员会领导下进行工作。编辑部下设总编室、评论部、记者部、经济部、政法部、教科文部、群众工作部、理论部、文艺部、国际部、市场报编辑部、新闻战线编辑部、海外版编辑部。编辑部之外，还有经营、行政、人民日报出版社。人民日报社历任社长、总编辑是张磐石、胡乔木、范长江、邓拓、吴冷西、胡绩伟、秦川、李庄、钱李仁、谭文端、高狄、邵华泽。《人民日报》在北京出版，在上海、武汉、沈阳、济南、哈尔滨、南京、长春、西安、广州、南昌、长沙、成都、重庆、南宁、兰州、昆明、乌鲁木齐、海口、拉萨、贵阳、杭州、福州等22个城市印刷，向国内外发行。《人民日报》在香港、平壤、东京、曼谷、伊斯兰堡、大马士革、开罗、巴西利亚、哈拉雷、伦敦、巴黎、布鲁塞尔、波恩、柏林、贝尔格莱德、斯德哥尔摩、渥太华、华盛顿、纽约、墨西哥城、布宜诺斯艾利斯、加拉加斯等地派有40多名常驻记者，及时报道来自当地和所在国家和地区的消息。

总之，《人民日报》把坚持正

第四章　著名报纸

《人民日报》海外版

确的舆论导向放在首位，坚持高品位、高格调，把专业性与综合性相结合，配合中国共产党的中心工作，出版了大量政治、经济、法律、新闻和科学文化知识等方面的资料，为宣传中国共产党的路线方针政策，推进社会主义新闻理论创新，对弘扬中国悠久的历史和灿烂的民族文化作出了贡献。如今，随着信息时代的到来，《人民日报》及时推出了网络版人民日报（即人民网）。

知识百花园

《人民日报》海外版

为适应海外华侨、华人和国外读者的需要，《人民日报》于1985年

新闻出版一本通

7月1日创办了海外版。宗旨是为海外读者服务，做海外读者的知心朋友。《人民日报》海外版刊载国内外重要新闻和《人民日报》的重要言论，报道中国共产党和中国政府对内对外政策及其实施情况，传播海外读者关心的各种最新信息和中国的新变化，反映人民群众、海外朋友的批评和意见。《人民日报》海外版设有"中国之窗""中华大地""望海楼随笔""自由谈""外贸信息""旅游天地""社会之窗""海外学子""神州掠影""港台天地""侨情乡讯""各国通讯""体育春秋"等专栏，另有"神州"副刊和全国报刊文摘专版。《人民日报》海外版在东京、旧金山、纽约、巴黎、香港5个城市印刷发行。《人民日报》海外版是海外了解中国、中国了解世界的重要途径，也是沟通海内外进行文化交流与经济合作的纽带和桥梁，是香港同胞及台湾同胞了解大陆最新发展的重要途径。

◆《中国青年报》

《中国青年报》是中国共青团中央机关报，1951年4月27日，经毛泽东、刘少奇、周恩来等领导人批准，在北京创刊。1978年10月7日，《中国青年报》复刊。《中国青年报》以推动社会进步、促进青年发展为神圣职责，共设有35个记者站，并在美、日、俄、法、欧盟等国家和地区设有常驻记者。2004年3月16日，中国青年报社与北大青鸟集团共同出资组建中青报业传媒发展有限公司，负责《中国青年报》的发行、广告、品牌经营及其他延伸性经营活动。

《中国青年报》以全国各族青年和中国共产主义青年团团员、干部为主要读者对象。《中国青年报》一方面引导青年学习马克思主义的基本原理和中国共产党的路线、方针、政策，掌握现代科学文化知识，激励青年为建设中国特色的社会主义奋发进取；另一方面代表、维护青年的利益，反映青年的呼声，同侵犯青年合法权益、阻碍青年健康成长的行为作斗争。同时，《中国青年报》也注重介绍共青团的工作经验，指导共青团的工作。《中国青年报》每日有七个新闻版和一个副刊版，及时报道国内外要闻和经济、社会、教育、科技、文化、体育以及青年普遍关注的新闻。

《中国青年报》在20世纪50年代宣传了为抗美援朝、保家卫国英勇献身的黄继光、邱少云，创造先进操作法的青岛纺织女工郝建秀和"走在时间前面"的鞍钢工人王崇伦等青年英雄和劳动模范的事迹；60年代宣传了雷锋、王杰等全心全意为人民服务、"一不怕苦、二不怕死"的精神。80年代以来，报道了一批各行各业勇于开拓的青年改革者的先进事迹，并在深入调查研究的基础上发表了一系列研究性报道，在较深的层次上对改革中出现的一些新情况、新问题进行实事求是的分析，帮助青年认识改革的艰苦性和复杂性。此外还为青年组织各种有益的活动，如"读书与求知"百科知识竞赛，"我最喜爱的银幕青年形象"评选活动，"读者日"活动等。

《中国青年报》的副刊、专栏有"学习与思考""开拓者""绿地""长知识""国际瞭望""共青团支部""法制与社会""中华各民族""美术天地"等。每星期日出版的"星期刊"则是包括文学、艺术、历史、地理、书法、体育、讽刺小品、世界青年生活等各种专版的综合性文化知识副刊。《中国青年报》的子报子刊有《青年参考》《青年时讯》《青年体育》《中国产经新闻》《中青在线》《数字青年》。《中国青

新闻出版一本通

报》还设有"青年信箱""答读者问"等栏目,以"征答""征文""笔谈""讨论会"等方式,组织青年读者就同龄人共同关心的问题展开讨论。

知识百花园

西方报纸的发展

报纸从诞生到今天已经走过了漫长的历史。公元前60年,古罗马政治家恺撒把罗马市以及国家发生的时间书写在白色的木板上,告示市民。这便是世界上最古老的报纸。中国7世纪的唐朝宫廷内就发行过手写的报纸。1450年,德国人古登堡发明金属活字印刷技术,于是印刷的报纸开始发行。1609年,德国率先发行定期报纸。世界上第一张日报在1660年发行于德国。美国的第一张报纸是独立前的1704年,由波士顿邮局

恺撒像

第四章 著名报纸

局长发行的《波士顿通讯》。

欧洲资产阶级革命时期，报纸已在欧洲各国相继发行。19世纪末、20世纪初，报纸实现了大众化的过程，宣告了大众传播时代的来临。"大众化"以普通民众为读者对象。"大众化"报纸促进了资产阶级民主的进步。"大众化"过程完成后，报纸不再接受党派津贴而转为自由出版，独立经营。报社享有了较为充分的出版权、采访权和发布权。报纸作为"社会公器"起到了舆论监督的作用，使资产阶级议会民主制倡导的公开、公正、公平的原则得以贯彻。"大众化"报纸还推动了社会经济的发展。为了在竞争中胜出，商家采取各种手段推介产品，作为大众信息载体的报纸受到他们的青睐。

20世纪以后，随着资本主义经济的进一步发展，报纸上的广告越来越多，广告收入在报社总收入中所占的比重也越来越大。"大众化"报纸推动了新闻媒体的产业化。19世纪末，报业资本迅速集中，出现了报业垄断组织"报团"，由此形成了媒介产业化的格局。20世纪末，这些报业集团多角延伸，跨国经营，形成巨型媒介产业集团。

◆ 《参考消息》

《参考消息》是新华社主办的一份独特报纸，主要摘登外国以及台湾、澳门和香港特别行政区的通讯社和报刊的文章与消息。《参考消息》于1931年11月7日在江西瑞金创刊。1957年3月1日，根据中共中央和毛泽东主席的指示，《参考消息》改版发行。毛泽东主席曾赞扬《参考消息》是"天下独一无二的报纸"。邓小平同志曾于1979年肯定《参考消息》办得很好。1978年的十一届三中全会后，《参考消息》及时调整了报道的指导思想，

新闻出版一本通

《参考消息》合订本

从改革开放和社会主义现代化建设的大局出发,在全面反映国际政治外交形势的同时,逐步加强了经济、科技、文教、军事、体育等方面的报道内容,以利于我国物质文明和精神文明的建设。以江泽民主席为核心的第三代中央领导集体十分重视《参考消息》。1997年春,江泽民等中央领导同志为《参考消息》改版发行40周年题词祝贺。江泽民主席的题词是:"发挥参考消息特殊作用,服务两个文明建设事业"。国务院总理李鹏的题词是:"纵观国际风云,提供参考消息"。《参考消息》的主要栏目有新闻评述、时事纵横、世界经济、军事·体育、社会·文教、科学技术、中国大地,以及汽车专版、房产专版、周三增刊、电脑专版。

第四章　著名报纸

知识百花园

报纸如何发挥作用

报纸在社会的发展中起到了巨大的作用。随着报纸的进一步大众化以及互联网的出现，报纸必须从权威高度、思想深度、信息广度和亲切程度入手，以更好地发挥自身的功能。（1）报纸的权威高度。一要做独家新闻，以独一无二来打造权威；二要作政府新闻，用政府的权威来提升报纸的权威；三要作原则新闻，实事求是，坚持观点，用坚持正义来树立权威。（2）报纸的思想深度。随着社会现象与社会思潮的多元化，社会信息流每年成几何级数增长，从而干扰受众的生活。于是报社发布的新闻信息易成为读者判断某一事物或决定某一行为的材料依据。因而谁能更好地更丰富地提供思想的参考，谁更具有思想深度，谁就在读者的心中达到最佳的影响力。（3）报纸的信息广度。信息量要大，专业信息尽可能的全面和丰富，要介绍事件的来龙去脉。（4）报纸的亲切程度。要从读者的角度，用喜闻乐见的语言，用读者善于接受的方式，用读者容易接受的版面来传播信息，传达观点。

◆ 《光明日报》

《光明日报》是中国民主同盟会的机关报，1949年6月16日在北京创刊。1953年起由中国各民主党派、全国工商联联合主办。1957年改由中共中央宣传部和中共中央统战部领导，是中共中央领导下的主要面向知识分子的日报。首任社长章伯钧，首任总编胡愈之。1949年7月起，《光明日报》陆续创办

新闻出版一本通

《经济》《文学》《文学评论》《学术》《新语文》等专刊，开始形成自己的特色。《光明日报》办报目的是最广泛的团结全国人民及各民主党派爱国人士，建设民主新中国。《光明日报》创刊第一号头版上刊有毛泽东主席的题词"团结起来，光明在望，庆祝光明日报出版"。《光明日报》创刊号字体为繁体字，直到1955年1月，《光明日报》率先对排版格式进行改革，改为横行排版。1978年，《光明日报》发表《实践是检验真理的唯一标准》，在全国全党推动了思想解放运动。《光明日报》的发刊词《团结一致建设民主新中国》中阐述了办报方针："第一是负责的态度"，"第二是服务的精神"，"第三是建设的批评"，"第四是忠实的报道"。

《光明日报》始终把握正确导向，努力开拓进取，服务于经济建设，贴近现实，贴近生活，贴近读者。《光明日报》有"文学""史

毛泽东和周恩来

第四章　著名报纸

学""哲学""经济学""科学社会主义""教育科学"专刊及"艺术""东风"副刊，设有"百家论苑""科技工作者建议""外国社会动态与思潮""国外科技动态""国外文物与考古"等专栏。毛泽东主席曾为《光明日报》题词："团结起来，光明在望"。周恩来同志的题词是"光明之路"。朱德同志的题词是"民主光明"。邓小平的题词是"实践是检验真理的唯一标准"；江泽民总书记的题词是"团结和激励知识分子，为中华民族的伟大振兴建功立业"。

《光明日报》以科学、教育、理论等为主要内容，反映国内外科学、教育、文化、学术等方面的发展情况，成为以宣传科学、教育为主的文化战线方面的报纸。报纸将科学、教育和知识分子问题放在报道的重要地位，充分反映知识分子在国家建设各个方面所起的突出作用，维护他们的利益，为他们提供发表议论的场所。同时反映社会科学和文化领域各部门的信息和动态。报社经常邀请知识界和社会各界人士就思想文化等方面的重大问题进行座谈，举办与知识分子和思想文化领域有关的社会活动。《光明日报》在北京出版，在沈阳、上海、武汉、广州、西安、兰州、成都、昆明设有代印点。

知识百花园

《光明日报》出版社

光明日报出版社，简称"光明社"，创立于1981年1月10日，是光

新闻出版一本通

明日报报业集团主管的综合性出版社。"光明社"立足知识界，坚持以教、科、文、理为重点出版方向，坚持为人民服务、为社会主义服务、积极传播先进文化的办社方针，致力营造"知识分子的精神家园"。"光明社"以光明日报报业集团为依托，形成了独有的核心作者群，并和"光明日报书评周刊""中华读书报""新京报""博览群书""书摘""光明网"媒体建立良性互动机制。"光明社"业务涉及图书、期刊、电子出版物、网络传播，内容涉及政治、经济、社会、文化、教育、科普、美术等领域。光明日报出版社的口号是"知识引导世界，读书改变人生"，光明日报出版社的办社理念是"诚、真、勤、仁"。

◆《工人日报》

《工人日报》是中华全国总工会主办的综合性报纸，1949年7月15日在北京创刊，1966年12月31日停刊，1978年10月6日恢复出版，在北京、上海、武汉、南昌、广州、成都、重庆、昆明、西安、兰州、沈阳、哈尔滨印刷发行。《工人日报》是一张以经济宣传为重点的全国性中央级大报，毛泽东同志亲自为《工人日报》两次题写报名。工人日报《工人日报》的读者对象是全国广大职工和工会工作者，宗旨是维护广大职工的正当权益，提高职工的社会主义觉悟和劳动积极性，加强对工业经济的宣传，指导工业建设。

《工人日报》以报道广大职工在社会主义建设中的活动和宣传先进人物为主要内容，以职工和通讯员提供的各种稿件为主要稿源，力求使工人群众成为新闻的主体，替工人说话，为工人办事。设有"理想与道德""工会理论与实践""企业家之友""工会生活""政工之页""工人的

第四章 著名报纸

画""工人摄影"等副刊和专刊。《工人日报》还编辑出版培养工人写作队伍的《工人通讯员》(即《新闻三昧》)。

知识百花园

报纸版面知识

(1)开张。开张即全张报纸面积的大小,以白报纸的开张来称呼。半张白报纸大小的报纸,叫对开报,就是大报;四分之一张白报纸大小的报纸,叫四开报,就是小报。前者如《人民日报》《光明日报》《闽西日报》;后者如《参考消息》《新民晚报》《海峡都市报》。

(2)版面。版面即指各类稿件在报纸各版平面上的布局整体,集中体现报纸编辑部的宣传报道意图,被称为"报纸的面孔"。我国的报纸,通常第一版为"要闻报",其他版为"分工版",不分主次。

(3)版位。版位即版面的地位,表示这些地位受读者重视的程度如何。通常上比下重要,左比右重要。

(4)版心。版心即指一个版面除四周白边以外的可排文字或图片的地方,即版面的容量。一个版面容量的大小,由报纸开张、分栏情况、基本字体大小等因素决定。

(5)报头。报头即报纸第一版上放报名的地方,通常放在版面上端。报头除报名外,还刊登报纸创刊日期、总期数、当日报纸版面数和出版日期,有的还注明是某一组织的机关报。

（6）报眼。报眼即报名旁边的一小块版面，通常刊登比较重要的文字稿和图片稿，也有刊登当日报纸内容提要、天气预报、日历表等。

（7）中缝。中缝即报纸相邻两个版面中间的空隙，一般刊载知识性小文章、电视节目、电影广告、启事等。

（8）头条。头条即指各版版面的上半部分，横排报纸以左面为重，直排报纸以右面为重。

◆《农民日报》

《农民日报》是以全国农民和农村工作人员为主要读者对象的综合性报纸。《农民日报》由中共中央农村政策研究室和国务院农村发展研究中心主办。1980年4月6日在北京创刊，原名《中国农民报》。初为周刊，1980年7月改为周2刊，1983年1月改为周3刊。1985年1月改名《农民日报》，为周6刊。《农民日报》在东北、华东、中南、西南地区设有代印点，主要发行到国内各地县、镇、乡。《农民日报》与各省、市农民报社共同组成"中华全国农民报协会"，开展互助合作。

《农民日报》

《农民日报》的宗旨是高举农村改革的旗帜，为八亿农民服务，为实现农业现代化和建设具有中国特色的社会主义新农村服务。《农民日报》着重宣传贯彻中国共产党和人民政府对农村工作的方针、政策，经常刊登"政策问答"和专论，具体、系统地讲解新的政策精神；发表典型报道和评论，支持农村专业户和乡镇企业的发展。《农民日报》反映农民的呼声和要求，维护农民的正当权益；时常就农村改革中的新问题组织讨论；向农民提供实用的农业科技知识和法律知识；报道勤劳致富的事例和经验，为农民发展商品生产提供产供销信息。《农民日报》的特色栏目有"读者来信""农业与科学""法制""农家生活""国外农村"等。

知识百花园

报纸知识简介

（1）"号外"的由来。报纸号外是指定期出版的报刊，在前一期已出版，后一期尚未出版的一段时间内，对发生的重大新闻和特殊事件，报社为迅速及时地向读者的报道而临时编印的报刊，因不列入原有的编号，故名号外。报纸号外有三个要素：一是内容必须是重要新闻和特殊事件；二是时间应在两期之间临时出版；三是无编号。还有两大特性：一是大都免费赠送；二是有的以"重大消息""喜讯""特大新

闻""特别报道""特刊"等字样标明。

（2）报纸编辑工作。报纸编辑工作是指报纸编辑在报纸生产过程中所进行的一系列工作，包括策划、组稿、组版三部分。策划是指报纸策划和报道策划；编稿是指分析、选择、修改稿件和制作标题；组版是指配置版的内容和设计报纸版面。

（3）报纸编辑策划。报纸编辑策划就是报纸编辑在新闻采编于报纸出版活动中所从事的决策与设计性工作，是对报纸整体及各组成部分的传播内容和形式的定位与设计。

（4）报纸风格特色。报纸风格特色是指报纸的整体结构，传播方式、传播内容和版面形象等所综合表现出的格调和特点。报纸风格特色由报纸的性质、办报宗旨和读者对象决定。报纸的排版决定于报纸内容，重要的会用大号字体显示。报纸中经常会有插图，版面设计可突出办报人的性格。

（5）报纸水准。报纸水准是指报纸的思想水平、文化和专业技术水平所达到的高度，具体通过报纸传播内容的深度、广度，以及语言文字、版面设计、制版印刷等方面表现出来。

◆《解放军报》

《解放军报》是中共中央军事委员会机关报，由中国人民解放军总政治部领导。1956年1月1日在北京创刊，初为隔日刊；1967年8月1日起改为日刊。在沈阳、上海、广州、海口、昆明、成都、武汉、西安、兰州、乌鲁木齐、拉萨设有代印点。《解放军报》的读者对象主要是中国人民解放军部队的干部和战士；同时供人民武装警察部队、民兵、预备役人员、军工单位职工，以及接受军事训练的大、中学校学生阅读。

《解放军报》的任务是宣传马克思列宁主义、毛泽东思想；宣传中国共产党的路线、方针、政策和国家的法律、法令，中央军委及各总部的命令、指示；宣传中国人民解放军的优良传统，反映军队现代化建设的面貌；宣扬先进典型，交流工作经验，开展批评和自我批评；宣传国内外形势，传播国内外军事科学技术信息和知识；反映基层的意见和呼声，以提高干部战士的军事、政治和文化素质。

《解放军报》的第1版主要刊登军队重要新闻、评论和国内、国际重大新闻。第2版刊登有关部队各项工作和国家经济建设等方面的典型报道。第3版每周各天轮流刊登"思想战线""学军事""国际军事""党团生活""长征""读者来信"和星期日副刊。第4版刊登国内外时事和体育新闻。《解放军报》专栏有"集思广益""家乡喜讯""怎样当好连长指导员""军事纵横谈""老兵新传""寻根问底"等。解放军报社还编辑出版中共中央军委人民武装委员会的机关刊物《中国民兵》月刊；另外还有《新闻与成才》月刊。

知识百花园

世界著名报纸（1）

美国著名的报纸有《今日美国》《华尔街日报》《纽约时报》《洛杉矶时报》《金字塔报》《纽约每日新闻报》《华盛顿邮报》《纽约

新闻出版一本通

邮报》《芝加哥论坛报》《基督科学箴言报》《圣何塞信使报》。古巴著名的报纸有《格拉玛报》。阿根廷著名的报纸有《布宜诺斯艾利斯先驱报》。巴西著名的报纸有《巴西日报》。英国著名的报纸有《太阳报》《每日邮报》《每日镜报》《每日快报》《每日星报》《泰晤士报》《星期日泰晤士报》《金融时报》《观察家》《每日电讯报》《卫报》。法国著名的报纸有《西法兰西报》《晚邮报》《共和国报》。德国著名的报纸有《图片报》《BILD》《WAZ汇报》《科隆汇报》《世界报》《法兰克福报》《镜报》。意大利著名的报纸有《新闻报》《晚邮报》。俄罗斯著名的报纸有《莫斯科共青团报》《劳动报》《消息报》《真理报》《莫斯科时报》《莫斯科新闻》。捷克著名的报纸有《布拉格邮报》。保加利亚著名的报纸有《索菲亚回声报》。梵蒂冈著名的报纸有《罗马观察家》。奥地利著名的报纸有《新克朗伦汇报》。荷兰著名的报纸有《电讯报》。爱尔兰著名的报纸有《爱尔兰时报》。日本著名的报纸有《读卖新闻》《朝日新闻》《每日新闻》《日本经济新闻》《中日新闻》《产经新闻》《东京体育报》《日本体育报》《北海道新闻》《日本体育报》《现代日报》《富士晚报》《静冈新闻》《产经体育报》《和气新闻》《西日本新闻》《体育日报》《东京新闻》《神户新闻》《中国新闻》《河北新报》。

◆ 《扬子晚报》

《扬子晚报》由中共江苏省委机关报《新华日报》主办，创刊于1986年元旦，时任中共中央总书记的胡耀邦同志为报纸题写了报头。《扬子晚报》是中国发行量最大的晚报，居世界日报发行量第24位，是江苏唯一进入世

第四章 著名报纸

界发行百强的报纸。

《扬子晚报》遵循"宣传政策、反映生活、倡导文明、传播知识"的办报宗旨，逐步形成了信息密集、服务到位、导向正确、格调高雅、可读性强的特色；在江苏、上海、安徽等地共设有17个分印点。

《扬子晚报》编辑部设有广告总编办公室、要闻部、经济部、科教卫部、读者服务部、文化部、体育部、江苏新闻部、南京新闻中心、国内新闻部、国际新闻部、房地产部、扬子晚报广告部等。广告社在总编辑主持的编辑委员会领导下进行工作。

《扬子晚报》改版后推出了早晚滚动刊发新闻、一报两投、一报两拿的新闻传播和发行新模式，使

《扬子晚报》

昨日新闻传递更快，当日新闻做得更强，着力提高对新闻事件的快速反应能力，大力刊登当日新闻、独家新闻。《扬子晚报》的栏目有"今日视点""今日评说""今日专稿""繁星""动漫工场""艺术欣赏""E指天下""时尚消费""小女生"。《扬子晚报》网

175

站于1998年6月8日正式发布，为国务院新闻办批准的江苏首家具有刊载新闻业务资格的网站。《扬子晚报》呼叫中心是华东地区首家新闻媒体主办的呼叫中心，于2002年10月开通，业务包括新闻报料、投诉受理、信息咨询、社会调查、专家热线、机票酒店预订、商品销售等，读者拨打96096，既可提供新闻线索、投诉，还可以得到其他生活服务。

知识百花园

世界著名报纸（2）

韩国著名的报纸有《朝鲜日报》《中央日报》《东亚日报》。新加坡著名的报纸有《联合早报》《海峡时报》。菲律宾著名的报纸有《商报》《星报》《每日调查》。印度尼西亚著名的报纸有《雅加达邮报》。马来西亚著名的报纸有《南洋商报》。印度著名的报纸有《觉悟日报》《印度时报》《帕斯卡日报》《美丽马拉雅拉报》《古吉拉特报》《喜欢市场报》《安那都报》《印度斯坦报》《祖国报》《印度徒报》《旁遮普狮报》《拉贾斯坦祖国报》《卓见日报》《今天报》《每日电讯报》《传讯报》《印度斯坦时报》。泰国著名的报纸有《泰国早报》《新闻日报》《一针见血报》《民意报》《新新闻报》。巴基斯坦著名的报纸有《战斗报》《黎明报》。尼泊尔著名的报纸有《尼泊尔新

第四章　著名报纸

《印度时报》

闻》。以色列著名的报纸有《哈阿雷兹》。伊拉克著名的报纸有《伊拉克新闻》。约旦著名的报纸有《约旦时报》。阿联酋著名的报纸有《Khaleej时报》。巴勒斯坦著名的报纸有《耶路撒冷时报》。大洋洲著名报纸有《澳洲日报》。非洲著名的报纸有《中东时报》。

◆ 《中国国防报》

《中国国防报》是由中国人民解放军总政治部主管，解放军报社主办的以普及全民国防教育为宗旨的报纸。《中国国防报》1993年9月2日创刊于北京，中央军委主席江泽民同志题写报名。《中国国防报》为周报，立足于国防，面向社会，主要读者对象有：地方党政和企业领导干部；人民武装干部，民兵、预备役官兵和广大城乡青年；现役军人和复员、转业、退伍军人；参加军训的大学、中学学生；交通战备和人防战线干部、群众；

177

军 训

国防科研、军工战线广大职工。

《中国国防报》的主要任务是：宣传中共中央、国务院、中央军事委员会关于国防建设的方针、政策；宣传马克思主义的国防观和毛泽东的人民战争思想；宣传邓小平关于加强国防现代化建设的理论和江泽民主席的"三个代表"重要思想；传播国防建设的新成就和世界各国加强防务的新动态；宣扬国防建设战线的英雄模范人物；传播和介绍国防力量建设、拥政爱民和拥军优属、国防科研、军工生产等方面的信息和经验；评述有关国防的重大事件等。

知识百花园

我国的国防领导体制（1）

我国的最高国防决策机构由全国人民代表大会及其常委会、国家主席、国务院、中央军委共同组成。《中华人民共和国宪法》规定了中国共产党在国防事务中的领导地位，发挥着决定性的领导作用。有关国防、战争和军队建设的重大问题，都由中共中央、中央军委、中央政治局及其常务委员会作出决策。《中国人民解放军政治工作条例》规定："中国人民解放军必须置于中国共产党的绝对领导之下，其最高领导权和指挥权属于中国共产党中央委员会和中央军事委员会。"全国人民代表大会是最高国家权力机关，在国防方面的职权主要有：决定战争与和平的问题；选举中央军事委员会主席，根据中央军事委员会主席的提名，决定中央军事委员会其他组成人员，并有权罢免以上人员等。全国人民代表大会常务委员会在国防方面的职权主要有：在全国人民代表大会闭会期间，如果遇到国家遭受武装侵犯或者必须履行国际间共同防止侵略的条约的情况，决定战争状态的宣布；根据最高人民法院院长和最高人民检察院检察长的提请，任免军事法院院长和军事检察院检察长等。中华人民共和国主席在国防方面的职权主要有：根据全国人民代表大会的决定和全国人民代表大会常务委员会的决定，发布动员令，宣布战争状态；批准和废除同外国缔结的有关国防方面的条约和重要协定。中华人民共和国国务院在国防方面的职权包括：编制国防建设发展规划和计划；与中央军事委员会共同领导中国人民武装警察部队、民兵的建

设和征兵、预备役工作以及边防、海防、空防的管理工作等。

武警方阵

◆《大公报》

《大公报》是我国清末、民国时期的著名日报。1902年6月17日在天津创刊，创办人英敛之，富商王祝三为主要经济资助人。英敛之主张变法维新，因此《大公报》在北方言论界初露头角。1916年9月，英敛之将《大公报》盘售给王祝三。王祝三当时聘胡霖为总编辑兼经理。张勋复辟帝制后，《大公报》著文声讨。直皖战争后，安福系失败，胡霖退出，报纸走下坡路，1925年11月27日宣告停刊。1926年夏，胡霖、张季鸾筹备恢复《大公报》，吴鼎昌负责经济资助。9月1日，《大公报》在天津复刊，吴鼎昌任社长，胡霖任经理，张季鸾任总编辑，声明社训为

第四章 著名报纸

"不党不卖不私不盲",突出新闻特性,编排醒目美观,注重培养人才,社评见解独特,对时政有所批评,一跃成为全国最著名的报纸和舆论界的代表。

１９２７年后,《大公报》总体上对国民党持支持态度。"九·一八"事变后,随着日本帝国主义侵略,《大公报》主张抗日,发表了著名记者范长江的西北通讯,首次披露了红军长征情况。《大公报》南方版于1936年4月10日在上海版发刊。

抗日战争爆发后,《大公报》天津版于1937年7月底停刊,上海版1937年12月13日停刊。《大公报》分赴各地办起汉口版、香港版、桂林版。最重要的重庆版自1938年12月1日起出版。《大公报》坚持抗日立场,鼓舞民心士

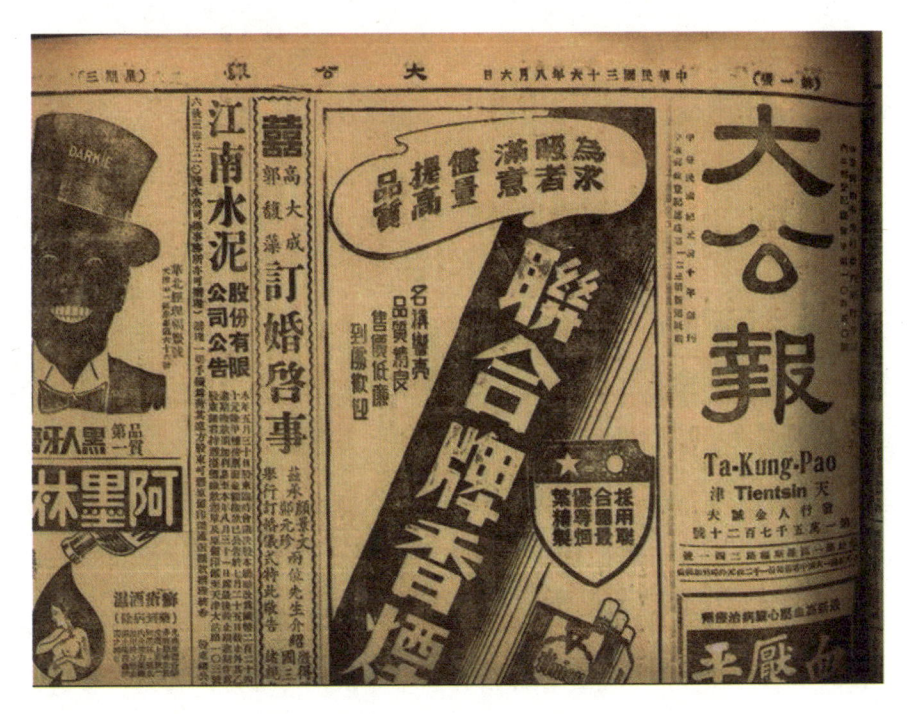

《大公报》

新闻出版一本通

气，对抗战起到了一定作用。1941年4月《大公报》被美国密苏里大学新闻学院推选为当年最佳外国报纸。1941年9月6日，张季鸾逝世，王芸生接任总编辑，曹谷冰、金诚夫、徐铸成等领导《大公报》。抗战胜利后，《大公报》上海版于1945年11月1日复刊，天津版12月1日复刊，香港版1948年3月15日复刊，重庆版继续出版。《大公报》一度支持过国民党的内战政策，1948年后因立场有所改变受到当局迫害。新中国成立后，《大公报》重庆版、上海版先后停刊。天津版改名《进步日报》，后恢复原名，迁至北京出版，主要报导财政经济和国际问题。《大公报》香港版出版至今。

知识百花园

我国的国防领导体制（2）

中国共产党中央军事委员会和中华人民共和国中央军事委员会是一个机构两个名称，其组成人员和领导职能是完全一致的。中华人民共和国中央军事委员会是最高国家军事机关，负责领导全国武装力量，职权主要包括：统一指挥全国武装力量；决定军事战略和武装力量的作战方针；领导和管理中国人民解放军的建设，制定规划、计划并组织实施；决定中国人民解放军的体制和编制，规定总部以及军区、军兵种和其他军区级单位的任务和职责；依照法律、军事法规的规定，任免、培训、考核和奖惩武装力量成员；批准武装力量的武器装备体制和武器装备发

第四章 著名报纸

战斗机

展规划、计划等。

中央军委实行主席负责制，中央军委主席实际即为全国武装力量的统帅。中央军委组成人员为中央军委主席、副主席若干人和委员若干人。中央军委之下设有中国人民解放军总参谋部、总政治部、总后勤部、总装备部。总参谋部负责组织领导全国武装力量的军事建设，组织指挥全国武装力量的军事行动。总政治部负责管理全军党的工作，组织进行政治工作。总后勤部负责组织领导全军后勤工作。总装备部负责组织领导全军装备工作。

国家还建立了国防动员委员会，是国务院、中央军委领导下主管全国国防动员工作的议事协调机构。主要任务是贯彻积极防御的军事战略方针，组织实施国家国防动员工作，协调国防动员工作中经济与军事、

军队与政府、人力与物力之间的关系，以增强国防实力，提高平战转换能力。国务院总理兼任国家国防动员委员会主任，副主任由国务院和中央军委领导兼任。下设人民武装动员办公室、经济动员办公室、人民防空办公室、交通战备办公室、综合办公室。

◆《北京晚报》

《北京晚报》是在北京出版的小型综合性晚报，1958年3月15日创刊，1966年7月21日停刊，1980年2月15日复刊。《北京晚报》为日刊，办报方针是"面向群众，补日报之不足"。《北京晚报》注意知识性、趣味性，发挥首都政治、文化中心和人文荟萃的优势，为首都社会主义现代化建设服务。《北京晚报》以刊登首都新闻和文化、体育新闻为主。1961—1962年，邓拓用笔名"马南邨"在《北京晚报》开辟的杂文专栏"燕山夜话"，在读者中有较大影响。《北京晚报》常组织社会活动，为群众和社会公益事业服务。

《北京晚报》设有"科学长

《北京晚报》题字

廊""陶然亭""文苑""芳草地""美韵""人与法""谐趣园""经纬拾穗"等专刊和文艺性综合副刊"五色土"。《北京晚报》第1版有"古城纵横""本报专访"专栏。其中,"古城纵横"是批评性专栏,是群众自我教育的阵地。《北京晚报》副刊上的"一分钟小说"专栏,是培养青年文学写作者的园地。《北京晚报》的副刊、专刊和文体版上还设有"百家言""一夕谈""居京琐记""周末一手牌""星期棋局"等栏目。另外,《北京晚报》周末版增出了漫画专刊"刺儿梅"。

知识百花园

中国著名报纸

中国内地的著名报纸有《北京晚报》《北京青年报》《北京晨报》《京华时报》《北京娱乐信报》《华夏时报》《新闻晨报》《新闻晚报》《新民晚报》《申江服务导报》《每日新报》《今晚报》《重庆晨报》《重庆晚报》《哈尔滨日报》《新都市报》《辽沈晚报》《新商报》《沈阳晚报》《半岛晨报》《时代商报》《大连商报》《南方都市报》《南方周末》《羊城晚报》《广州日报》《新快报》《21世纪经济报道》《深圳特区报》《深圳晚报》《海峡都市报》《厦门日报》《福建日报》《福州日报》《福州晚报》《东南快报》《扬子晚报》《南京服务导报》《江南晚报》《燕赵都市报》《大河报》《城市早报》《郑

新闻出版一本通

《环球时报》

州晚报》《齐鲁晚报》《济南时报》《半岛都市报》《成都商报》《华西都市报》《成都晚报》《钱江晚报》《今日早报》《天府早报》《华商报》《三秦都市报》《西安晚报》《长江日报》《楚天都市报》《武汉晨报》《潇湘晨报》《湘声报》《长沙晚报》《当代商报》《海南日报》《海口晚报》《特区时报》《重庆商报》《泉州晚报》《东南早报》《中华工商时报》《财经时报》《环球时报》《鞍山日报》《球报》《经济观察报》《千山晚报》《体坛周报》《21世纪人才报》。

◆《北京青年报》

《北京青年报》是共青团北京市委机关报，创刊于1949年3月，1981年第三次复刊，日发行量60余万份，订阅量北京第一。1990年底，《北京青年报》提出了向

"真正意义的新闻纸"发展的大目标，确立了面向报业市场的经营思路。1992年，《北京青年报》创办《青年周末》，被首都报界誉为"周末四杰"之一。接着又推出《新闻周刊》。目前，北京青年报社拥有"十报四刊二网"，除《北京青年报》外，还有《法制晚报》《北京科技报》《今日北京》《青年周末》《中学时事报》《北京少年报》《第一财经日报》《竞报》和《北京青年周刊》《休闲时尚》《时事魔镜》《三十九度二》，以及北青网、千龙网。此外，北京青年报社还拥有北青传媒股份有限公司、小红帽发行股份有限公司、北京青年报现代物流有限公司、北京儿童艺术剧院股份有限公司、北京中国网球公开赛体育推广有限公司、北京今日阳光广告有限责任公司等多家企业，形成了完善的报业产业链。

1994年7月，《北京青年报》改为日报，推出了服务青年的目标。1995年，《北京青年报》开辟了"电脑时代""汽车时代""广厦时代"等专版，主题经营版面的思路是"为广告商量身定做版面"。后来，《北京青年报》创办了《电脑时代》《汽车时代》和《广厦时代》等具有首都经济特色的产经新闻专刊。《北京青年报》建立了以编辑为主导、编采分离为特征的采编模式。新的编辑部划为编辑中心、采访中心和相关部门三个部分。编辑中心下设要闻版组、本市版组、财经版组、产业专刊版组等10个版组。采访中心设都市新闻部、体育部、特稿部、摄影部等9个部室。

中国著名报纸（2）

中国台湾地区的著名报纸有《自由时报》《苹果日报》《联合报》《中国时报》《经济日报》《工商时报》《民众日报》《台湾时报》《中央日报网路报》《中华日报》《青年日报》《台湾新生报》《财讯快报》《国语日报》《台湾立报》。

中国香港地区著名报纸有《经济日报》《明报》《星岛日报》《东方日报》《信报》《文汇报》《大公报》《南华早报》《新晚报》《成报》《苹果日报》《商报》《公教报（天主教）》《虎报》《都市日报》《头条日报》《大纪元时报》《快线周报》。

澳门地区著名报纸有《大众报》《市民日报》《正报》《星报》《现代澳门日报》《华侨报》《澳门日报》《新华澳报》《讯报》《澳门脉搏》《澳门文娱报》《时事新闻报》《体育周报》《澳门观察报》《澳门劳动报》《品报》《号角报》《今日澳门》《澳门论坛报》《句号报》《澳门邮报》《澳门每日时报》。

◆《羊城晚报》

《羊城晚报》于1957年10月1日创刊。《羊城晚报》的发行主攻广州、珠江三角洲市场。2006年改版后，赢得大量都市年轻主流家庭读者。《羊城晚报》以"贴近时代、贴近群众、贴近生活"为己任，以鲜明独特、新鲜活泼的风格吸引着广大读者。《羊城晚报》的宗旨是"移风易

第四章 著名报纸

俗、指导生活""寓共产主义教育于谈天说地";方针是"反映生活、干预生活、引导生活、丰富生活"。《羊城晚报》以自采新闻多、独家报道多、反应迅速、视野开阔而著称。在副刊方面,《羊城晚报》以知识性、趣味性、科学性并重,拥有大量独具岭南特色的名牌栏目。"面向家庭、办市民报纸、服务小康社会",是《羊城晚报》现阶段的定位。

◆《燕赵都市报》

《燕赵都市报》是河北日报报业集团主办主管的一张社会生活类报纸,1996年创刊。《燕赵都市报》汇集京津地区十三城市的新闻,集新闻与杂志于一体,形成"新闻总汇"。《燕赵都市报》的特色新闻版面有《综合新闻》《省会新闻》《京津视线》《国内新闻》《国际新闻》《体育新闻》《文化娱乐》《经济新闻》等,每天不少于百条新闻。同时加强报道力度,注重新闻策划,走近社会热点,关注大众话题,强化舆论监督。

《燕赵都市报》

新闻出版一本通

《燕赵都市报》的方针是"为市井人家办报,让平民百姓爱读",实行"办报、广告、发行三位一体"运作的理念,坚持"新闻立报、内容为王"的宗旨,每月向读者报道新鲜、生动、全面、深刻的新闻和资讯。"舆论监督"和"爱心报道"是《燕赵都市报》的两大特色,激浊扬清、扶正祛邪的口碑使《燕赵都市报》拥有良好的美誉度和强大的影响力。

知识百花园

《新都市报》

《新都市报》是黑龙江日报报业集团麾下的新兴媒体,是一张完全进入市场化运作的综合性报纸,创刊于1999年1月1日。一直以来,《新都市报》以年青、充满活力、热情、富有朝气的形象深入人心;以新鲜、丰富、迅捷的新闻,最敏锐的视角,最坚定的百姓视线吸引着都市人群。《新都市报》每周32版,内容丰富,特色鲜明,信息量丰富。《新都市报》注重深度报道的挖掘,拥有一支精良的编采队伍。《新都市报》贴近市民生活,全心全意为市民服务的态度,深受读者欢迎。尤其是敏捷简练的报道风格与清新活泼的生活气息,更适合现代人的口味。

第四章 著名报纸

◆《南方周末》

《南方周末》由南方日报报业集团主办，创办于1984年，发行量达130多万份，居全国同类报纸之首。《南方周末》是中国深具公信力的严肃大报，是中国发行量最大的新闻周报，覆盖全国各大中城市，核心读者群为知识型读者。《南方周末》坚持把社会效益放在第一位，被评为读者"最喜爱阅读"的报纸。《南方周末》立足广东，面向全国。在全国设有广州、北京、上海、西安、武汉、成都、海口、济南、南京、长春、福州等11个印点，通过卫星传版，实现同步彩色印刷。

《南方周末》以"反映社会，服务改革，贴近生活，激浊扬清"为特色；以"关注民生，彰显爱心，维护正义，坚守良知"为责任；将"思想性、知识性、趣味性"熔于一炉，寓"思想教育于谈天说地之中"。《南方周末》的新闻以独家为主，时评以纵深见长。2004年起，《南方周末》扩为32版，分新闻、经济、文化三大版块，内容紧扣时代发展的热点与焦点，承载"记录时代进程"的使命，深受读者爱戴。

◆《新民晚报》

《新民晚报》是中共上海市委直接领导的面向广大市民的综合性报纸。"新民晚报"四字由孙中山书稿辑集而成。《新民晚报》以"宣传政策，传播知识，移风易俗，丰富生活"为编辑方针，着眼于"飞入寻常百姓家"；在内容上富有"可亲性、可近性、可信性、可读性"。《新民晚报》的报纸发行量和报业经济效益连续多年位居全国晚报之首。1996年，《新民晚报》在美国设立记者站，创办美国版，成为中国内地第一张跨出国门的晚报。2002年，《新民晚报》与

新闻出版一本通

星岛报业集团合作，推出《新民晚报》澳洲版，扩大在大洋洲地区的影响力。

目前，《新民晚报》日出32版，周五近50个版，主要新闻版面有要闻、经济新闻、社会新闻、教科卫新闻、文化新闻、体育新闻、国内新闻、港澳台新闻、国际新闻等20个新闻版，专刊版面有新民视点、新民证券、新民求职、新民时尚、新民写真、新民汽车、新民康健园、新民网络、新民楼市、新民论坛、五色长廊、读者之声、今日浦东、读书乐、家事、天下游、科学馆、金阳台画刊、桃李芬芳、银发世界、娃娃天地、女性世界、花鸟鱼虫等50多个专刊。

◆《文汇报》

《文汇报》由中共上海市委直接领导，立足长三角，面向全国。《文汇报》由进步知识分子在1938年1月25日创刊于上海。《文汇报》见证了中国半个多世纪的历史进程，在中国新闻史上产生了重大而深远的影响。《文汇报》的特色是"主流、高端、权威、亲和"，是在国内外具有广泛影响的大型日报。《文汇报》派驻全球多个国家、地区和国际机构的记者及时追踪国际风云变幻，全方位报道国内外重大新闻，为各界读者及时提供权威资讯和深度新闻读解。

《文汇报》设有要闻、国际、财经、体育、教卫、文化等新闻版，及时、准确、客观地传播新闻，评论世间万象，积极反映丰富多彩的政治、经济、文化和社会生活。《文汇报》拥有"文汇时评""笔会""环球视窗""国内视窗""经济观察""每周讲演""论苑""学林""文艺百家""书缘""上海人才""教育家""近距离""视觉""健康生活""汽车广场"等专栏和专副刊，具有浓厚的历史人文味道。

第四章　著名报纸

知识百花园

《潇湘晨报》

　　《潇湘晨报》是综合性都市日报，彩色印刷；以长、株、潭为中心，面向湖南全省城镇发行。《潇湘晨报》全面深刻地融入湖南经济社会发展的崭新进程，成为"记录湖南、演绎湖南"的时代风标。《潇湘晨报》覆盖湖南全省14州市，采取以省会长沙为根本，以长、株、潭三地为核心，向全省梯级辐射的发行策略。《潇湘晨报》是湖南地区最经济，最具竞争实力的媒体。《潇湘晨报》立足湖南，放眼世界，秉持正义，关切民

《潇湘晨报》

新闻出版一本通

生,恪守真实,以新闻立报,以服务取胜。《潇湘晨报》每期发行总量超过52万份,受众200万人,为湖南读者的首选报纸,其影响已深入社会各领域、各阶层。

◆ 《时代商报》

《时代商报》是由新华通讯社主管、辽宁分社主办的都市报,是沈阳市日均发行量最大的报纸。《时代商报》是"传播真正新闻、倡导舆论监督、服务市民生活、立足中心城市"的新闻消费类现代都市报。《时代商报》的读者定位面向都市,以中青年为主体的主流消费人群、主流工作人群和主流思想人群。《时代商报》的内容以时政新闻、焦点新闻为龙头,以房地产、汽车、家电、通讯等经济专版为支撑。

《时代商报》在发行上,坚持零售和订阅相结合的方式,开创了辽沈地区零售源街头售报的先河;在办报方向和风格上,从党和人民意志的高度出发,宣传党的方针,倡导公民意识,弘扬法律精神,高昂舆论监督,强化服务功能,用更独立、更客观、更权威、更深刻的"真正的新闻",影响受众;在读者定位上,以城市中青年为主体的主流消费人群和工作人群。《时代商报》的新闻版面有头条新闻、辽沈新闻、国内新闻、国际新闻、经济新闻、文化、体育等版块和各类经济专题。

◆ 《新快报》

《新快报》由羊城晚报报业集团主办,1998年3月30日创刊。《新快报》以关注民生、服务社会为宗旨,以新锐的办报理念与鲜明的编辑风格为特色,强调新闻与资讯的实用性。《新快报》的版面设计新颖,视觉冲击力强,提供全方

《新快报》

位资讯。《新快报》以珠三角地区为主销市场，核心读者是社会中最具活力和消费能力的白领和中产阶层。

《新快报》的板块主要有：（1）新快要闻。以国内时政报道为主，适当包容本地重大时政新闻。（2）国内·各地新闻。贴近大珠三角城市群，以几大都市圈的重大事件、社会生活、新鲜观念，全面反映国内动态。（3）深读新闻。传播转型期的新趋势、新事物、新观念、新思维，关注转型期新问题。（4）国际新闻。追寻国际动态，拓展国际视野，层层深入，成就新闻焦点，播报环球事件。（5）财经·要闻。立足广州本地，放眼跨国集团。（6）财经·产经。突出重大新闻，挖掘行业深度，强化行业影响。（7）娱乐副刊。强化实用，贴近市民生活。（8）体育新闻。做最强势的体育，喊出自己的声音。

新闻出版一本通

知识百花园

《深圳晚报》

由深圳报业集团主办的《深圳晚报》是中文报刊最早实现全程采编电脑化的。《深圳晚报》是中国唯一的大型综合性晚报，1994年1月份创刊，曾经被评为中国晚报界的新"四小龙"之一（即扬子晚报、钱江晚报、武汉晚报、深圳晚报）。《深圳晚报》个性鲜明，读者群稳定，是唯一中午出版的深圳报纸。《深圳晚报》的主要读者群是具有稳定收入和一定文化程度的城市家庭。他们是都市读者、知识读者、创业读者、时尚读者、公德读者，是时尚生活的引领者。《深圳晚报》关注家庭、走入社会、关注民生。

国外著名报纸

◆《今日美国》

报纸在社会的发展过程中起着巨大的作用。在现代，报纸要想发展，就要走品牌化战略，要不断提高自己的影响力，以及报道内容的思维深度和信息量的广度，这样才有利于报纸自身的发展。下面我们就来介绍世界著名报纸——《今日美国》。

《今日美国》是美国唯一的彩色版全国性对开日报，1982年9月15日创刊，总部设在弗吉尼亚州

第四章 著名报纸

的罗斯林，属全美最大的甘尼特报团。《今日美国》每周出版五天，有国内版、国际版。国内版每天56版，国际版每天16版，向50多个国家发行。

《今日美国》自创办之日起，就以其新颖独特的姿态跻于强手如林的美国报界，有四大特点：一是专门辟有"美国各地"和"世界新闻摘要"专栏，便于读者从报纸上了解美国各地及世界上的重大新闻；二是仿效电视气象预报形式，首创了用整版篇幅的彩色气象图表报道全国50个州、100多个主要城市3天的天气趋势；三是独创了使用生动的彩色图片和图表来配合新闻报道，图文并茂；四是注重使用简洁明快的报道文体，偏爱使用短句、短字来浓缩文章，充分节省篇幅，登载尽可能多的信息。

◆《华尔街日报》

《华尔街日报》是美国乃至全世界影响力最大的日报，创办于1889年，日发行量达200万份。《华尔街日报》的创始人查尔斯·道和爱德华·琼斯在1882年成立道·琼斯公司，以为商业客户收集、摘抄商业信息。1889年正式创办《华尔街日报》，以适应蓬勃发展的商界对信息日益增大的需求。创办初期的《华尔街日报》发行范围非常窄，直到1931年，巴尼·基尔格尔担任该报主编，才正式进入发展壮大的黄金时期。巴尼·基尔格尔对报纸进行了大规模的改革，比如：用平实的语言报导商业信息；提供对来自政府新闻的详细报导；避免使用艰深晦涩的商业术语和行话；扩大报道范围，不仅仅局限于经济领域等。基尔格尔去世时，报纸的日均发行量超过了100万份，成为全国性的主流大报。

《华尔街日报》侧重金融、商业领域的报导；其新闻舆论通过尖利的笔锋，净化着商业市场，正是

《华尔街日报》

它的舆论监督让商业公司不能为所欲为。《华尔街日报》的报导风格以严肃见长。在编辑上始终采用传统的黑白灰三种配色，直到1991年才在广告部分出现少量的色彩。《华尔街日报》绝大部分为文字报导，图片新闻很少，始终是美国最高端的报纸。《华尔街日报》以深度报导见长，对题材的选择非常谨慎。1999年，美国《哥伦比亚新闻评论》评选"走向21世纪的美国21种最佳报纸"，《华尔街日报》名列第三。

第四章 著名报纸

知识百花园

《纽约邮报》

《纽约邮报》是美国历史最悠久的报纸之一，创办于1801年，现属媒体大亨默多克的新闻集团。《纽约邮报》的报道风格以煽情、八卦而闻名，是纽约最重要的报纸之一。在美国，最龃龉的一对报纸是"纽约邮报"和"每日新闻"。"纽约邮报"批评"每日新闻"是"每日白日梦"，"每日新闻"则把自己的劲敌贬得一钱不值，两家报纸都很热衷于这种互相诋毁。比如，"每日新闻"用不堪入目的文字连篇累牍的刊载有关"纽约邮报"的老板传言，"纽约邮报"则以不那么礼貌的方式来报道"每日新闻"的所有者。两家报纸还经常争论谁拥有更大发行量，吵的口沫横飞。

《纽约邮报》

◆ 《泰晤士报》

《泰晤士报》是英国历史悠久的英文对开日报。1785年1月1日，由印刷商沃尔特在伦敦舰队街附近创刊，名为《每日天下记闻》，1788年1月1日改用现名。1908年，《泰晤士报》归诺思克利夫勋爵所有，1922年转入阿斯特手中，1966

199

年售与汤姆森男爵，1981年起被美籍澳大利亚人默多克收购。《泰晤士报》属于泰晤士报业公司，该公司还出版《星期日泰晤士报》、"泰晤士报文学增刊""泰晤士报教育增刊""泰晤士报苏格兰教育增刊""泰晤士报高等教育增刊"，并拥有泰晤士报图书公司。默多克收购《泰晤士报》后，在编辑风格上，图片新闻更多，社会新闻的比例在加大；在政治倾向上，出现亲美国政府的趋势。

《泰晤士报》的国际消息多，自19世纪初以来一直是英国消息灵通、享有声誉的报纸。《泰晤士报》在国内外重大问题上，一般反映官方意见；经常约请知名专家、学者撰写稿件。默多克接办后，《泰晤士报》风格有所变化，体育版扩大，偶尔登些社会新闻。《泰晤士报》的第1版和最后1版为重要消息版，第2版开始分别为国内新闻、国际新闻、评论、金融、艺术、书评、体育等专版。此外还有议会活动专版、宫廷和社交专栏、讣告专栏、信息服务等。《泰晤士报》的读者群主要包括政界、工商金融界和知识界。

《泰晤士报》

第四章　著名报纸

《泰晤士报》秉承"独立地、客观地报道事实""报道发展中的历史"的宗旨，政治倾向基本上是保守的，在历史上历次重大国内及国际事务上均支持英国政府。《泰晤士报》的版面分为两部分：一是国内外新闻、评论、文化艺术、书评；二是商业、金融、体育、广播电视和娱乐。

◆ 《纽约时报》

《纽约时报》是美国有影响力的日报，1851年9月18日创刊，由纽约时报公司出版。《纽约时报》原名《纽约每日时报》，1857年9月14日改用现名。1896年为奥克斯所收买，同年10月25日首次刊出"社训"，即"刊载一切适于发表的新闻"。1935年奥克斯去世之后，其女婿苏兹贝格任《纽约时报》发行人兼社长，后为苏兹贝格家族所有，与洛克菲勒财团关系密切。1969年起，《纽约时报》变为股份公司，成为拥有多家美国报纸、杂志、电视台、广播电台和国外联合企业的大报团。

《纽约时报》对重大事件的报道有其独到之处，如1912年关于"泰坦尼克号"客轮遇难事件的报道；第一次世界大战结束时独家全文刊载《凡尔赛和约》；1927年关于林白驾机飞越大西洋的报道；

洛克菲勒

普利策突发新闻摄影奖

1945年向日本广岛投掷原子弹的报道等。其中，1918年因报道第一次世界大战而获普利策金质奖章。截至1984年，《纽约时报》共获普利策奖54次。

知识百花园

《晚邮报》

《晚邮报》是新西兰首都惠灵顿市的独家每日晚报，已有100多年独具

第四章　著名报纸

风格的办报史。自1865年创刊以来,《晚邮报》一直提倡新闻的真实性,对政府及社会现象亦时有批评。目前,《晚邮报》每周一至六出版,每天出20至40版不等,日发行量约10万份。《晚邮报》除刊有国内外重要新闻和评论外,有关家庭生活和娱乐的新闻也较多,在读者中影响较大。

◆《新加坡联合早报》

《新加坡联合早报》由新加坡报业控股公司主办,是新加坡的主要华文日报,前身是1923年创刊的《南洋商报》和1929年创刊的《星洲日报》,1983年两报合并后,共同出版《南洋·星洲联合早报》,简称《联合早报》。《联合早报》除在新加坡发行之外,还在中国大陆、香港特别行政区和文莱

新加坡鱼尾狮塔

等地发行。《联合早报》于1995年开始上网。

《联合早报》主要关注新加坡本国、中国和台湾等地的时事新闻，并经常发表学者以及撰稿人士的文章。专评学者有的是带有一定的中国民族主义思想的时事评论员，如阮次山、台湾国立政治大学国研中心研究员蔡逸儒、中国全国政协委员韩方明等人。但无论是《联合早报》还是它的网站，其言论和观点都不会出现中国政府视为敏感的内容。不过，《联合早报》也因政治立场亲向于中国政府而遭致批评。但《联合早报》一直被认为是一份报道及时、客观，言论公正的可信度很高的华文报纸，在华人世界享有很高声誉。

知识百花园

《华盛顿邮报》

《华盛顿邮报》是美国华盛顿哥伦比亚特区最大、最老的报纸。20世纪70年代初，《华盛顿邮报》通过揭露水门事件，迫使理查德·尼克松总统退职，获得国际威望。许多人认为《华盛顿邮报》是继《纽约时报》后美国最有声望的报纸。《华盛顿邮报》位于美国首都，擅长于报道美国国内政治动态。因此也有人指责《华盛顿邮报》过分关心政治而忽略了对其他方面的报道。《华盛顿邮报》的日平均发行量继《洛杉矶时报》《纽约时报》《华尔街日报》和《今日美国》之后，名列第五。

第四章 著名报纸

◆《基督教科学箴言报》

《基督教科学箴言报》于1908年11月，由科学基督教创始人玛丽·贝克·埃迪夫人在美国的马萨诸塞州的波士顿创刊，由基督教科学出版社出版。《基督教科学箴言报》虽与宗教团体有关，而且报名上有"基督教"字样，但并不是纯宗教性的报纸，而是一份面向"世俗"的报纸。《基督教科学箴言报》很少直接宣讲教义，而是企图通过对各种事件的"正面"报道来启示和感化人们。《基督教科学箴言报》一般不刊登暴力与色情之类的报道，有时即使发表一些犯罪和灾祸性新闻，也回避细节描写，着重分析事件产生的前因后果。《基督教科学箴言报》以善于强调报道国内国际重大事件，并对其进行见解独到的述评和分析而著称于报界，受到知识界的推崇。

《基督教科学箴言报》分国内版和国际版两种，国内版每周出版五天，在波士顿等城市出版；国际版在英国伦敦出版，以刊载国

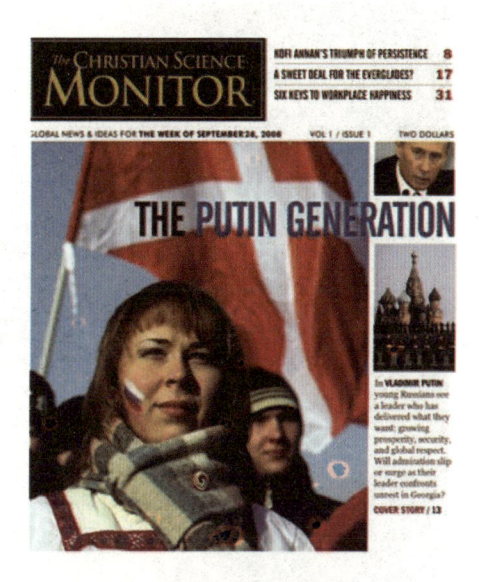

《基督教科学箴言报》

际新闻和评论为主。《基督教科学箴言报》刊登的新闻、评论和社论短小精悍，所报道的内容及题材很广，而且辟有文学、艺术、文化、科学、教育、生活等方面的特稿专栏，在国际新闻报道方面尤负盛名。《基督教科学箴言报》是解释性报道手法的重要倡导者和实践者，对国际问题的分析比较客观、公正。《基督教科学箴言报》在

基督教油画

刊登广告方面有三个特点：一是登广告比例大大低于其他各个大报，每天刊登的篇幅仅占整个版面的25%，而一般报纸的广告约占70%的版面；二是对广告的内容限制严，一般不接受烟、酒、专利药品、咖啡、旅馆、疗养所、旅游、墓地等广告；三是拥有较多的国外广告。

知识百花园

《费加罗报》

《费加罗报》原名《油灯》周刊。1866年11月改为日报，更名为《费加罗报》。《费加罗报》是法国国内发行量最大的报纸，创立于1825年，其报名源自法国剧作家博马舍的名剧《费加罗的婚礼》中的主人公费加罗。费加罗是法国文学传统中的一个倍受人们尊重的文学人物，包括左拉、莫里哀、纪德在内的文学大师都以其为主人公进行过创作。《费加罗报》也被认为是法兰西学院的公刊。《费加罗报》隶属沙克报业集团，集团总部位于巴黎。

《费加罗报》从19世纪末到20世纪初，形成保守倾向，反映资产阶级右翼观点。1942年11月停刊，1944年8月复刊。从1949年起，《费加罗报》被法国著名毛纺工业家普鲁沃控制。1975年埃尔桑报业集团购得该报。《费加罗报》与戴高乐派较接近，社会党执政后成为反对派的主要

《费加罗报》

喉舌。《费加罗报》头版为要闻版,一般约刊载八九篇国内外重要新闻,新闻大多只登标题与导语。《费加罗报》的读者多为商人和高级职员。《费加罗报》随报赠送《费加罗杂志》《费加罗妇女》,是巴黎最便宜的日报。

第五章 著名新闻机构与人物

新闻出版一本通

　　新闻机构是根据特定社会的传播制度,专门搜集、加工、存储和提供新闻稿件、图片、音像制品等资料。新闻机构通常利用在信息资源、采访编辑人才、通信网络、公共关系等方面的优势,遵循国家法规,按照市场规律,开发新闻信息,通过广播电台、电视台、报社、通讯社等多种媒体向大众传播。长期以来,大众传媒对于社会舆论的影响一直是人们关注的重点之一,诸如广播电台、电视台、报社、通讯社等新闻机构一直是社会舆论的传播者。新闻机构通过在新闻报道内容等方面的筛选来形成信息环境,影响人们关注的焦点,从而影响人们对环境的认知。与新闻机构密切相关的是新闻人,他们是传播传媒中的公众人物,他们是信息与信息接收者之间的桥梁,在新闻传播、社会舆论形成中有着举足轻重的作用。总之,新闻机构通过自身强有力的舆论形成和引导优势,形成社会广泛的关注和思考,对社会存在问题、最新消息和人们眼界的拓展产生深远的影响。世界各国都有一批具有世界影响力的新闻机构,它们是人们认识、了解世界的窗口。本章我们就来介绍一些中外著名的新闻机构,诸如新华社、美联社、俄国塔斯社、英国路透社、国法新社,及著名的记者、编辑,如储安平、曹景行、曹聚仁、邹韬奋、戈公振、邵飘萍、沙飞、张元济、邵华泽、郭超人、沈鹏等新闻人。

第五章　著名新闻机构与人物

著名新闻机构

◆ 新华通讯社

新华社全称新华通讯社，是中国最大的新闻通讯社。新华社的前身是红色中华通讯社，1931年11月7日在江西瑞金成立，是中国共产党领导下成立最早的新闻机构。1934年10月，红色中华通讯社随中央红军长征。1937年1月，红色中华通讯社在延安更名为新华通讯社。1940年12月30日，新华社创办延安新华广播电台，即中央人民广播电台的前身。抗日战争时期，新华社在华北、晋绥、晋察冀、山东、华中各抗日民主根据地成立分社。1946年5月，新华社总社向各主要战场派出随军记者或记者团。之后在中国人民解放军各野战部队陆续建立前线分社、野战军总分社，在各兵团和军建立分社和支社。1947年3月党中央机关撤离延安，新华社组成工作队，跟随毛

新华社标志

泽东、周恩来等领导人转战陕北。此时的新华社担负着中共中央机关报、通讯社和广播电台的任务，成为党中央指导全国革命的重要舆论工具。1949年10月，新华社逐步成为集中统一的国家通讯社。20世纪50年代中期，开始建设世界性通讯社。

新华社工作始终是在党中央直接领导下进行的。毛泽东同志为新华社撰写过100余篇新闻稿件，周恩来、刘少奇、邓小平等同志也都为新华社撰写、修改过大量稿件，瞿秋白、博古、杨尚昆、廖承志、胡乔木等曾先后担任过红中社和新华社的主要领导职务。党的三代领导集体对新华社工作作过许多重要指示。1991年，江泽民同志为新华社作了"努力学习，深入实际，为党的新闻事业作出更大的贡献"的题词。1995年1月12日，江泽民同志指出：新华社播发的新闻不仅对国内舆论产生很大的影响，而且对世界舆论也产生重要的影响。中央要求把新华通讯社建设成为世界上最大最强的、有中国特色社会主义的、现代化的世界性通讯社。

新华社与美联社、路透社、法新社，并称"世界四大通讯社"。新华通讯社主要代表中华人民共和国政府，受权发布公告性新闻和外交性新闻；负责将国内、国际新闻供给全国报纸、电台、电视台。新华社的职能主要有四项：一是党和人民的耳目喉

瞿秋白

第五章　著名新闻机构与人物

舌；二是国家通讯社；三是消息总汇；四是世界性通讯社。这些职能主要通过三种形式传播：一是传统形式的报道，主要是公开报道，包括通稿、专线稿、专稿和参考报道；二是新形式的报道，主要是网络、信息和音频、视频、手机短信等报道；三是社办报刊。

◆ 法国新闻社

"法新社"是法国新闻社的简称，是法国最大的通讯社、国际性通讯社之一。1945年11月成立，总部设在巴黎。在160多个国家有分社，在全世界雇有记者2500余名，总社每天通过各条线路用法、英、西、德、阿拉伯等多种文字编发新闻稿60万字。法国法新社的前身是

巴黎艾菲尔铁塔

新闻出版 一本通

哈瓦斯于1835年创办的哈瓦斯通讯社。19世纪后期,哈瓦斯通讯社同英国路透社、德国沃尔夫通讯社,称为当时世界三大国际性通讯社。1929年因经济危机,法国外交部控制该社。1944年8月,巴黎解放,为战争所迫而离开新闻社的工作人员纷纷返回。后来,哈瓦斯社与在抵抗运动中成立的几个通讯社合并成立法新社。

法新社是与路透社、美联社和合众社齐名的西方四大世界性通讯社之一。英国路透社创办人朱利叶斯·路透,德国沃尔夫通讯社创办人伯恩哈德·沃尔夫都曾在该通讯社工作过,并加以仿效创办了自己的通讯社。法新社名义上是独立的报业联营企业,实际上是法国官方通讯社。1956年法国国民议会与参议院通过一项法案,确定法新社是独立的新闻机构,社长由法国报刊代表所组成的董事会选举产生,法律上不再是国家控制的单位,因而被称为半官方通讯社。法新社采用商业化的操作,由一位首席执行官和15位董事组成的董事会管理。法新社在国外有130个分社和记者站,使用法、英、西班牙、德、阿拉伯、葡萄牙6种文字,通过8条专线向国内外播发消息。每日向160多个国家和地区发稿60～100万字。国内外的直接供稿对象有1150家新闻单位和2000家非新闻单位。

◆ 安莎通讯社

安莎通讯社,全称全国报纸联合通讯社,简称安莎社,1945年由意大利57家日报联合组成,是半官方通讯社。意大利政府部门和国家机关的重要新闻与消息,通常都是由安莎通讯社发布的。安莎通讯社的前身是斯蒂法尼通讯社。安莎通讯社总部设在罗马,总社设有编辑部、行政部、人事部、商业部、技术部、电脑中心和摄影图片部七大部,每天24小时用意、

214

第五章　著名新闻机构与人物

罗马

法、英、西4种文字向国内外播发新闻；还发行宗教专题新闻稿和其他专题材料。主要供稿对象是中美、南美地区。

"客观"和"事实素材"丰富，是安莎社新闻的主要特色，很少播发评论性新闻，一般通过取舍内容来表达其观点。安莎通讯社的新闻内容包括政治、经济、外贸、市场信息、旅游、文化体育、科技、社会等。近年来，安莎社加强了新闻预报、国内外简讯、报刊摘要、外贸与市场行情、出口商品形势分析、外汇汇率等栏目，加强了经济新闻与信息的报道。安莎通讯社同新华社一直保持着友好的合作关系。

◆ 美国联合通讯社

美联社即美国联合通讯社的简称，英文简称AP，是由各成员单位联合组成的合作型通讯社，是美国最大的通讯社。美联社1892年成立于芝加哥，前身为1848年成立的港

美联社标志

口新闻联合社，由纽约《太阳报》等6家报社创建。1900年，美联社总社迁至纽约。美联社最初稿件只供给本社成员报纸，1945年后开始向非成员报纸和电台供稿，1947年范围扩大到电台、电视台。如今，美联社是由美国报业和电台、电视台组成的新闻联合组织，全社工作人员约3000名，国内分社134个、国外分社83个，驻外记者500人。美联社每天用6种文字播发新闻和经济信息约300万字，每年发图片15万张，为美国1500多家报纸、6000家电台、电视台服务。另为世界115个国家和地区的1万多家新闻媒介供稿。

1875年，美联社第一个租借永久性的新闻电报线路；1980年，美联社第一个用卫星发送新闻；1994年，美联社第一个用数码相机武装自己的摄影记者等。美联社拥有覆盖全球的包括地面线路和卫星传送在内的通讯网络。1995年，美联社建立互联网服务部，通过网络向用户发布新闻。美联社的编辑部门设有总编室、国际部、对外部、经济新闻部、体育新闻部、图片新闻部、特稿部、广播新闻部。1994年增设电视部，工作中心在伦敦，通过亚洲、拉美、北美和全球服务四条专线，向全世界电视订户提供声像新闻。1999年，美联社兼并了位于英国伦敦的国际电视片交换中心——全球电讯网（WIN），组成"美联社电视服务部"和"路透社电视"，构成了世界上两个最大的

第五章　著名新闻机构与人物

电视新闻供应商。

◆ 合众国际社

合众社原由斯克里普斯报业集团于1907年创办，美国第二大通讯社，国际性通讯社之一，西方四大通讯社之一，外文简称UPI。1958年5月由合众社与国际新闻社合并而成，总社在华盛顿。合众社创办于1907年，国际新闻社成立于1909年，由赫斯特报业集团创办。第二次世界大战后，两社均发展成为国际性通讯社。两社合并后，受斯克里普斯·霍华德报业集团控制。1982年6月，合众国际社转归新闻传播公司。1985年11月，合众国际社出售给墨西哥报业主拉纳。1988年2月，合众国际社被世界新闻电信集团公司接管。1991年8月再度申请破产，并大量削减雇员和关闭部分分社。1992年6月被设在伦敦的中东广播中心公司买下。

合众社创立时即有369家报纸订户。1925年开始发布新闻图片，

华盛顿

新闻出版一本通

1935年向国内广播电台提供新闻，1951年开始向电视台提供新闻，1945年第1个开设体育新闻专线，是第一个向拉丁美洲、远东和欧洲报纸供稿的美国通讯社。第二次世界大战后发展为国际性通讯社。国际新闻社战后也发展成为国际性通讯社。合众国际社用英文、西班牙文发稿，全世界有订户约5000家。另外，合众国际社有一个世界范围的图片网，用48种文字向世界140多个国家供稿，以生动活泼的片断性报道闻名。

◆ 德意志新闻社

德意志新闻社简称德新社，是德国最大的通讯社，1949年9月1日在汉堡成立，总部在汉堡。德新社是一个私营股份有限公司，股份分属报纸、广播和电视等新闻媒介领域的200多家机构，其中绝大多数属于报纸、出版社。德新社播发的新闻主要有国内新闻、对外新闻和图片新闻。国内新闻又分为基础新闻、对州广播新闻、电话新闻和新闻专稿。德新社设有图片服务中心，在德国各主要城市派有摄影记

德国汉堡的立方体建筑

者。1974年，德新社与新华社正式签订了交换新闻和合作协议。

德新社每天播发约6万字的基础服务，内容涉及国内外政治、经济、科技、社会、文化和体育等各方面的新闻，其中1/3左右为政治新闻。几乎所有德国报纸都接收德新社播发的基础服务。除报纸外，德国的大多数杂志，以及政府各部门、工会和大型企业也接收德新社的基础服务。德新社还通过电传、卫星和短波等各种渠道向外国播发基础服务。德新社还把新闻分门别类，提供特别服务的专题有文化政策、社会政策、环境保护、研究、科学和技术，以及大众媒介和媒介政策等。接收特别服务的主要是政府部门、工会、高等院校、研究所和各种专业协会。

◆ 英国路透社

路透社是英国最大通讯社，西

第五章 著名新闻机构与人物

方世界四大通讯社之一，1850年创办于德国亚琛，1851年迁到伦敦。路透社的创办人是保罗·朱利叶斯·路透。路透社是路透集团的一部分，其股权属于代表伦敦出版的全国性报纸的报业主联合会、澳大利亚报联社和新西兰报联社。路透社初为提供商情的机构，1916年被改组为路透有限公司。1944年成为英国报业联合组织的托拉斯。1851年10月，路透在英国伦敦成立办公室。1939年，办公室迁移到著名的舰队街，舰队街39号成为新的总部。2005年总部搬迁到金丝雀码头。路透的美洲总部设在美国纽约的时报广场，是一幢30层楼高的大楼。亚洲总部位于新加坡的科学园区。欧洲、中东及非洲总部在瑞士。

路透社实际上受政府控制，是英国的官方喉舌。路透社新闻报道的主要对象是国外新闻，它的国际新闻紧密配合英国政府的外交活

动。英国路透社对体育新闻也很重视。英国路透社的经济新闻主要是商情报告，为英国和西方大企业服务。路透社每天发稿70多万字，有1500多家报纸定购其新闻。英国路透社素以快速的新闻报道，被世界各地报刊广为采用而闻名于世。

知识百花园

中外著名通讯社

中国内地的著名通讯社有新华社（Xinhua）、中新社（CNS）；中国香港的著名通讯社有新华社香港分社、中通社（CNA）、中评社、经济通（ETNet）；中国澳门的著名通讯社有新华社澳门分社；中国台湾的著名通讯社有中央社。美国的著名通讯社有美联社（AP）、合众国际社（UPI）、彭博新闻社（Bloomberg News）。英国的著名通讯社有路透社（Reuters）。法国的著名通讯社有法新社（AFP）、哈瓦斯社（Havas）。德国的著名通讯社有德新社（DPA）。意大利的著名通讯社有安莎社（ANSA）。俄罗斯的著名通讯社有俄塔社（ITAR-TASS）、俄新社（RIA Novosti）、国际文传电讯社（Interfax）。日本的著名通讯社有共同社（Kyodo News）、时事社（Jiji）、同盟社。朝鲜的著名通讯社有朝中社（KCNA）、韩联社（Yonhap）。东盟的著名通讯社有越通社、马新社、泰通社、柬新社、印尼安塔拉通讯社。印度的著名通讯社有印度报业托拉斯（PTI）、印度联合新闻社（UNI）。中东的著名通

第五章 著名新闻机构与人物

讯社有中东社（MENA）、伊通社（IRNA）。拉美的著名通讯社有埃菲社（EFE）、拉美社、加勒比通讯社。大洋洲的著名通讯社有澳联社（AAP）。加拿大的著名通讯社有加拿大通讯社。

◆ 塔斯社

塔斯社是前苏联国家通讯社，1925年7月10月创办，用五种文字昼夜播发400小时的消息，约有4000多家报纸、电台抄收该社消息，每年发650多万张图片。如今，塔斯社是俄罗斯的国家级通讯社，外文简称ITAR-TASS。塔斯社前身是1917年11月18日成立的俄国彼得格勒通讯社。1918年与全俄中央执行委员会所属的新闻局合并，命名为俄罗斯通讯社，简称罗斯塔。1925年7月10日改名塔斯社，总社设在莫斯科。

苏联解体后，塔斯社归俄罗斯联邦新闻中心管理。1992年1月22日，俄罗斯总统叶利钦签署命令，塔斯社同前苏联新闻社的一部分合并，组建俄罗斯通讯社；同时在俄通社中保留独立的塔斯社机构。同年1月30日开始以俄通社—塔斯社的名义发稿。塔斯社国内有80多个分社和记者站，向4000多家报纸、电台和电视台供稿；国外有120个分社，对外用俄、英、法、西班牙、葡萄牙、德、意、阿拉伯8种文字发稿，向115个国家和地区提供新闻或经济信息。

塔斯社

埃菲社

埃菲社是西班牙通讯社，1938年创办于布尔戈斯，次年迁至马德里，由法布拉等通讯社合并而成。埃菲社特别面向拉丁美洲发展，在国外设有80多个分社，用西班牙文、法文和英文向世界1000多家订户提供消息。埃菲社利提出建成采用西班牙文的第一大通讯社的方针，把半数驻外记者部署在拉丁美洲的28个分社，15条卫星线路中有14条直通拉丁美洲。埃菲社有专业与技术人员约600人，驻外记者200多人。每年对内播发10万多条国内外新闻，对外年发稿量为8000多万字。埃菲社还负责转发西班牙政府的公报与法令，但不代表政府表态或发表评论。

◆ 国际文传电讯社

国际文传电讯社成立于1989年，在全球范围享有盛名。从20世纪90年代初起，国际文传电讯社一直是俄罗斯与原苏联国家新闻的主要提供者，也是该地区最经常被引用的信息源。国际文传电讯社作为国际文传信息服务集团的一员，已成为中国、中欧的政治与商业新闻的领先提供者。国际文传信息服务集团用俄语、英语、乌克兰语、哈萨克语和德语发布新闻。

国际文传电讯社的记者每天通过与官员、行业领导者、分析家、研究员、学者及遍布全国的广泛联系网络，而直接进行沟通、报道。国际文传电讯社从2000年3月起开始在中国进行报导。2002年夏天，

第五章　著名新闻机构与人物

俄罗斯国有商业银行、俄罗斯外贸银行加入国际文传电讯社的中国项目，进一步推进了国际文传电讯社在中国业务的发展。国际文传电讯社中国分社已在北京、上海和香港设立记者站或联络处。

◆ 中国新闻社

中国新闻社，简称中新社，是由新闻界和侨界知名人士于1952年9月14日在北京发起成立的，是中国内地仅有的两家通讯社之一。中国新闻社以海外华侨、外籍华人和港澳台同胞为主要服务对象，向境内外媒体提供供稿服务。中国新闻社的前身是1938年由范长江先生组织、在中共领导下成立的国际新闻社。新中国成立后，经中共中央批准，国际新闻社更名为中国新闻社，于1952年9月14日正式成立，1952年10月1日正式对海外播发电讯通稿。金仲华担任中新社首任社长。

中新社每天向海外播发大量新闻、专稿和图片，内容包括政治、经济、科教文卫、社会生活、港澳台新闻。中国新闻社每天播发中文新闻电讯稿100余条，向二十多个国家和地区的新闻媒体播发新闻稿。同时每日在北京和香港出版《中国新闻》中文稿刊。中国新闻社根据港澳台和海外华文传播机构的要求，每月提供专电、专稿和专栏、专刊稿300篇左右，包括评论、通讯、专访、特写、杂文、游记等。中国新闻社每月播发约1000多幅重大新闻和专题新闻图片，定期向海外华侨、华人社团和中国驻外机构提供展览图片。

中国新闻社开办有"中国新闻网""中国新闻图片网"两个大型网站。中国新闻社还与港台、海外影视界合作拍摄制作电影故事片、纪录片、电视剧、电视专题片，制作和对外发行各种华语录像带。中国新闻社出版的刊物有《中国新闻

新闻出版一本通

周刊》《中国经济周刊》《中华文摘》。中国新闻社的总社设在北京，在全国各省、自治区、直辖市和香港、澳门特别行政区设有分社，在美国、加拿大、日本、澳大利亚、泰国、马来西亚、法国、英国等国家设有分支机构。

知识百花园

台湾中央通讯社

台湾中央通讯社是中国国民党所创办的原中国官方通讯社，简称"中央社"，英文缩写CNA。1924年4月1日成立于广州，初由中国国民党中央委员会宣传部主办，首任主任梅恕曾，主要任务为报道党务消息。台湾中央通讯社于1927年迁往南京，1936年6月设立第一个国外分社——东京分社。抗日战争期间，中央社总社先后迁至汉口、重庆，向国内外提供中国战场、太平洋战场、欧洲战场的战讯及其他新闻。1939年1月开始设立总编辑，负责新闻编采业务，首任总编辑陈博生。1946年4月中央社迁回南京，1949年11月迁

中央社大楼

第五章 著名新闻机构与人物

往台北。现为台湾地区政府官方通讯社。

1973年,台湾中央通讯社改为中央通讯社股份有限公司。台湾中央通讯社在台中、高雄设有分社,在世界一些城市设有分社或办事处。台湾中央通讯社的主要业务是通过新闻广播和发行新闻稿,向台湾地区及世界各地的新闻机构提供新闻和新闻图片,向台湾各新闻机构及有关部门供应西方主要通讯社的英文电讯,向台湾金融机构和工商企业提供经济新闻、海外商情。历任社长有萧同兹、曾虚白、马星野、魏景蒙、潘焕昆、黄天才、胡元辉等。

◆ 朝鲜中央通讯社

朝鲜中央通讯社,简称朝中社(KCNA),为朝鲜民主主义人民共和国官方通讯社。朝鲜中央通讯社成立于1946年12月5日,总部位于平壤,在省级地区,及中国、俄罗斯、古巴、印度、伊朗、埃及设有分社。朝鲜中央通讯社是朝鲜唯一的通讯社,为境内所有媒体提供新闻来源。朝鲜国内的新闻动态只通过朝中社向国际发布。朝中社是朝鲜劳动党和朝鲜政府的宣传喉舌。朝鲜中央通讯社的新闻一般包括:金日成主席和金正日将军的革命事迹;金正日将军关于各种国际、国内事件的看法和指示;美国、韩国、日本等国针对朝鲜的敌对活动,尤其是

朝　鲜

军事活动；呼吁朝鲜半岛在朝鲜政府领导下统一；朝鲜的军事和社会建设成就；各友好国家和国际友人在朝鲜的访问活动；朝鲜政府在国际上所获得的支持。朝中社的官方网址是：http://www.kcna.co.jp。除朝鲜语外，朝中社还使用英语、俄语和西班牙语发布新闻稿。朝鲜中央通讯社还发行《朝鲜中央通讯》日刊与《朝鲜中央年鉴》等刊物。

知识百花园

中央电视台简介

中国中央电视台，简称央视，英语简称CCTV，是中华人民共和国国家电视台。1958年5月1日试播，9月2日正式播出。初名北京电视台，1978年5月1日更名为中央电视台。中央电视台是中国党、政府和人民的重要喉舌，是中国重要的思想文化阵地，具有传播新闻、社会教育、文化娱乐、信息服务等多种功能，是全国公众获取信息的主要渠道，也是中国了解世界、世界了解中国的重要窗口。

中央电视台夜景

中央电视台拥有相当规模的、具世界先进水平的技术设备和设施，

第五章 著名新闻机构与人物

其中移动地面卫星系统可随时随地对重大新闻事件进行现场直播；节目制作、播出传输、卫星转发、新闻回传全面实现数字化；多媒体联网系统部分实现资源共享，初步形成办公自动化和智能化的管理体系。中央电视台与世界134个国家和地区的媒介机构建立了业务关系，并通过设在全球的14个驻外记者站及时报道世界各地的重大新闻事件，成为当今中国第一大电视台。

中央电视台新台址工程是建国以来国家建设的单体最大的公共文化设施，也是2008年北京奥运会的重要配套设施之一。中央电视台新台址位于北京市朝阳区东三环中路，紧临东三环，地处CBD核心区，总建筑面积约55万平方米，最高建筑234米，工程总投资约50亿元人民币。建设包括主楼（CCTV）、电视文化中心（TVCC）、服务楼及媒体公园。项目建成后，中央电视台将具备200个节目频道的播出能力。

中央电视台新台址

新闻出版一本通

◆ 日本共同通讯社

　　日本共同通讯社,简称共同社,1945年11月1日成立,前身是1936年成立的同盟通信社。日本共同通讯社是日本最大的通讯社,独立于政府,致力于为社会服务,以"促进世界和平、确保民主、实现人类幸福"为原则。共同社总社设在东京,在日本国内的札幌、仙台、东京、名古屋、大阪、福冈设有分社;在纽约、华盛顿、伦敦、巴黎、北京、莫斯科、曼谷、开罗等世界41个主要城市设有总局或分局。

　　共同社自1956年起和新华社有交换新闻图片关系。1970年,由于共同社在"亚洲通信社联盟"中制造"两个中国",新华社中断同该社的关系,中国外交部停止其常驻中国记者资格。后来恢复双方关系。

　　日本共同通讯社自称是"日本全国的报社、广播电台采取合作形式组织的、以收发消息为目的的共同组织",与日本全国各报社、NHK等新闻机构合作,开展

日本共同社大楼

各项新闻报道活动。日本共同通讯社还将日本国内的最新动态提供给世界上其他新闻机构;另外向日本总理府、内阁调查室、外务省、通产省、防卫厅、东京都厅、警视厅等政府机构提供资料。共同社每天发稿60万字,传真照片80张。除播发国内外重要消息外,还大量报

道经济、社会新闻、体育新闻；向各地方报纸发布特稿，包括评论、体育、文艺、家庭问题、儿童问题等。此外，还出版《世界年鉴》。

知识百花园

中央电视台的机构与频道

中央电视台内设机构有办公室、总编室、人事办公室、财经办公室、机关党委、新闻节目中心、海外节目中心、社教节目中心、文艺节目中心、广告经济信息中心、体育节目中心、青少节目中心、网络传播中心、技术管理办公室、技术制作中心、播出传送中心、监察室、审计处、中国电视报社；直属单位有中国电视剧制作中心、中央新闻纪录电影制片厂（中央电视台新影制作中心）、北京科学教育电影制片厂（中央电视台科影制作中心）、中国国际电视总公司、中央卫星电视传播中心、中央数字电视传媒有限公司、中国爱乐乐团。此外，中央电视台开办有"央视国际"网站、《中国电视报》《电视研究》《现代电视技术》、广播影视音像资料馆。

中央电视台目前共开办20个开路频道，分别为综合频道、经济频道、综艺频道、中文国际频道、体育频道、电影频道、军事·农业频道、电视剧频道、英语国际频道、科教频道、戏曲频道、社会与法频道、新闻频道、少儿频道、音乐频道、西班牙语国际频道、法语国际频道、高清综合频道、阿拉伯语国际频道、俄语国际频道，内容几乎涵盖

社会生活的各个领域。同时开办30多个数字电视付费频道和28个网络电视频道。其中数字电视付费频道包括风云足球、第一剧场、风云剧场、世界地理、风云音乐、怀旧剧场、高尔夫·网球、老故事、CCTV-娱乐、CCTV-戏曲、央视精品、国防军事和女性时尚等；网络电视频道包括新闻、央视关注、纪录、旅游、历史、英语、杂技、电视剧、综艺、相声、气象、科技、美食、小品、音乐、体育、生活、动画、时尚、戏剧、少儿、经济、法制、教育、游戏、话剧、魔术、人物等。

著名记者人物

记者，就是记录的人，从事信息采集和新闻报导工作。英文称为"Journalist""Reporter"，其中"Reporter"特指电视台、电台等电子媒体的记者。世界上最早的记者，产生于16世纪的威尼斯。当时的威尼斯是欧洲的经济中心，商业非常发达。巨商迫切需要了解涉及自身利益的世界各地的消息。于是从事探报消息的人应运而生，分别搜集政治事件、物价行情、船舶起航等，这些专门搜集和出卖新闻的人，便是现代记者的前身。在西方，普利策新闻奖是美国新闻业的最高奖项。普利策新闻奖是1917年根据美国报业巨头约瑟夫·普利策的遗愿设立。在中国，每年的11月8日是中国记协的成立日。1937年11月8日，以范长江为首的左翼新闻工作者在上海成立中国青年记

第五章　著名新闻机构与人物

者协会，这是中国记协的前身。于是，这一天成为中国的记者节。

记者最主要的工作，就是代替广大民众前往事情发生的现场，或是接触新闻事件的当事人，并将事情的真相及其代表的意义，通过报道呈现于大众媒体，让公众所知。记者常被称为"无冕之王"。记者主要在报社、电视台、广播电台、杂志社、通讯社、网络媒体等机构工作。记者工作主要包括报道、专题、调查采访、专访、精确报导。记者的稿件、照片、影片等，还要经过编辑台的处理。记者依据工作类别与性质可以分为驻外记者（即被媒体派遣往报社所在地以外城市或国家工作的记者）、特约记者、特派记者（即突发事件发生时即时被派往事发地点采访的记者）、工商记者、战地记者（即在战场上报道导的记者）、狗仔队（即专门跟踪知名人士，如艺人、政治人物、皇室成员、体育明星等的记者）。

新闻有5个要素，即受众关心、新近发生、事实、信息、传播；在新闻活动中，记者必须有党性原则。传媒业的职业责任主要有三种：一是传播责任。新闻记者要把社会上有用的信息传播给最大多数的受众，让大家知道。传播责任包括不能漏报新闻、不能报假新闻、不能报"泡沫新闻"。二是政治责任。包括安全责任（稳定责任，不要泄密，不要给国家造成动乱）、导向责任（积极引导，抓本质的事情、大事进行报道）。三是文化责任。东方文化更侧重于精神，记者要创造精神财富，传播新知识、新思想，及向上、审美的东西。

中央电视台的宣传成就

中央电视台的宗旨是"传承文明，开拓创新"。中央电视台拥有近40万小时的节目资源，年播出总量为230 248小时，平均每天631小时。在节目创作方面，中央电视台高度重视节目质量，先后推出了一大批思想性、艺术性强，深受观众喜爱的优秀节目。其"春节联欢晚会"、多个电视大赛等节目已经成为著名品牌。中央电视台拥有一批高素质的各类电视专业人才，目前全台和直属单位职工总数近万人。中央电视台的资金大部分源于广告收入。12年来，中央电视台每年11月对来年第一套节目黄金段位广告招标。目前该活动已被经济分析人士评价为"中国经济的晴雨表、风向标"。

中央电视台紧紧围绕党和国家的工作大局，按照中宣部、广电总局的部署，先后组织了一系列重大宣传报道活动，如1999年国庆50周年、澳门回归；2000年迎接新千年、悉尼奥运会；2001年纪念建党80周年、北京申奥成功、APEC上海会议、中国足球出线、中国入世；2002年党的十六大、釜山亚运会；2003年伊拉克战争、攀登珠峰、抗击非典、神舟五号载人航天飞行；2004年邓小平百年诞辰、雅典奥运会、新中国成立55周年、澳门回归5周年；以及2005年科学发展观、纪念中国人民抗日战争暨世界反法西斯战争胜利60周年、西藏与新疆自治区大庆、"神六"飞行、"十运会"、2007年党的十七大、2008年抗震救灾、北京奥运会、神七出舱、改革开放三十周年、2009年国庆60周年等。

第五章 著名新闻机构与人物

◆ 著名记者邵飘萍

邵飘萍，原名镜清，后改为振青，1886年10月11日生于浙江东阳。14岁考中秀才，19岁入浙江高等学堂（浙江大学前身）。1912年任《汉民日报》主编，袁世凯称帝后，为《时事新报》《申报》《时报》撰稿，抨击袁的罪恶阴谋，批判军阀政府。1918年接连创办了"北京新闻编译社"、《京报》，与蔡元培一起创办"北京大学新闻学研究会"，第一期学习的有毛泽东、罗章龙等。1920年后，致力于新闻教育事业，赞颂十月革命，介绍马克思主义思想。1925年，在李大钊和罗章龙介绍下，邵飘萍加入中国共产党。1926年4月26日，以"宣传赤化"的罪名在北京天桥被奉系军阀政府杀害。

邵飘萍被誉为"新闻全才""乱世飘萍""一代报人""铁肩棘手，快笔如刀""飘萍一支笔，抵过千万军"。邵飘萍

邵飘萍

慷慨豪爽，善于言辞，广泛交游，上至总统、总理，下至仆役百姓，他都靠得拢，谈得来。邵飘萍已成为中国百年新闻史上最光彩夺目的名字，他用他的鲜血染红了言论、新闻、出版自由的理想。邵飘萍是我国民主革命时期杰出的文化战士、著名新闻工作者和新闻教育开拓者。他以报纸和通讯社为武器，宣传真理，抨击邪恶，锐意改革，为新闻事业贡献了毕生精力。他所著的《新闻学总论》《实际应

用新闻学》是我国最早的一批新闻理论著作。

◆ 著名记者沙飞

沙飞（1912—1950年），原名司徒传，广东开平人，1912年5月5日生于广州一个药商家里。1936年考入上海美术专科学校西画系。1936年10月拍摄发表鲁迅最后的留影、鲁迅遗容及其葬礼的摄影作品，引起震动。1936年12月和1937年6月，分别在广州和桂林举办个人影展。抗战爆发后，担任全民通讯社摄影记者，并赴八路军115师采访"平型关大捷"。1937年10月参加八路军。沙飞先后担任晋察冀军区新闻摄影科科长、《晋察冀画报》社主任、《华北画报》社主任等职。1950年3月因患"迫害妄想型精神分裂症"，在石家庄和平医院枪杀为其治病的日本医生，华北军区政治部军法处判处其死刑，终年38岁。1986年5月19日，北京军区军事法院判决：撤消原华北军区政治部军法处判决。沙飞的作品聚焦于中国军民反抗日本侵略者的战争场面，包括贯穿其中的政治活动、群众动员、战斗过程和生活情景；其影像朴实生动。著名作品有《南澳岛》组照、《纪念鲁迅先生》组照、《生命的叫喊》《这是一个弱肉强食的世界》等。

◆ 著名记者郭超人

郭超人（1934—2000年），湖北武穴人，中共党员，高级记者，1956年毕业于北京大学中文系新闻专业。先后任新华社西藏分社、陕西分社、四川分社记者、副社长，新华社秘书长、副社长。1992年11月起任新华社社长。曾担任亚洲及太平洋地区通讯社组织主席。中共十三届、十四届、十五届中央委员。20世纪50年代曾采写大量新闻报道揭露西藏农奴制的黑暗，60年代随中国登山队完成攀登珠穆朗玛峰和希夏邦马峰的报道，70年代采写的《驯水记》歌颂了中国人民与大自然作斗争的伟大业绩。

郭超人1956年从北京大学毕业后主动要求到西藏工作，在那里工作了14年。作为新华社记者，他在44年的新闻生涯中，抒写过西藏百万农奴埋葬农奴制的翻天覆地的历史巨变，报道过我国登山健儿第一次把五星红旗插上珠穆朗玛峰的壮举，颂扬过亿万人民在驯水征战中创造的可歌可泣的业绩，记录过"四人帮"一伙被押上历史审判台的庄严一幕。郭超人的新闻作品有为《向顶峰冲刺》《西藏十年间》《万里神州驯水记》《时代的回声》《非洲笔记》《喉舌论》。

◆ 著名记者储安平

储安平，江苏宜兴人，生于1909年。1928年进入光华大学政治系，1935年留学英国，入伦敦大学经济学院政治系。在英国期间，担任《中央日报》驻欧洲记者。1938年归国，任《中央日报》主笔兼国际版编辑，后到中央政治学校研究院任研究员。1941年，到湘西"国立兰田师范学院"教英国史和世界政治概论。1945年随学校内迁到重庆，同年11月开始主编《客观》周刊。1946年，任上海复旦大学教授，同年9月1日出版《观察》。《观察》的文章多以知识分子犀利的笔锋，对政治、军事、经济的焦点问题作尽可能客观的报道和评论。1948年12月24日，《观察》被国民党查封。1949年11月，《观察》复刊。1950年5月16日，《观察》终刊。储安平随后任新华书店总店副总经理。1952年，任中央出版总署发行局副局长。1957年4月1日，任《光明日报》总编辑。后来，储安平先生失踪。

新闻出版一本通

知识百花园

中央电视台的主要节目与主持人

央视的主要节目包括：《朝闻天下》《新闻30分》（主播为胥午梅、郎永淳、纳森、章伟秋、颜倩、郭志坚、康辉、肖艳）、《新闻联播》（主播为李瑞英、张宏民、李修平、王宁、康辉、海霞、李梓萌、郭志坚）、《新闻20分》（主播为康辉、海霞、李梓萌、郭志坚）、《新闻直播间》（主播为耿萨、纳森、刘羽、郎永淳、李梓萌、海霞、慕林杉、郭志坚、康辉等）、《整点新闻》《新闻60分》《中国新闻》《早间新闻》《走近科学》《大风车》（由原有的《七巧板》《天地之间》《蒲公英剧场》《同一片蓝天》《聪明屋》《和爸爸妈妈一起看》整合而成）、《同一首歌》《开心辞典》等。

著名主持人有邢质斌、罗京、宋世雄、王志、李瑞英、董卿、朱军、周涛、王小丫、毕福剑、韩乔生、李咏、水均益、白岩松、张泽群、朱迅、冀星、李佳明、刘建宏、张斌、张蕾、张腾岳、鞠萍、董浩、金龟子（刘纯燕）、红果果（陈苏）、绿泡泡（耿晨晨）、周洲、高博、崔永元、撒贝宁、敬一丹、李修平、张宏民、王宁、郭志坚、李梓萌、欧阳夏丹、孙小梅、海霞、张泉灵、胡蝶、张羽、小鹿姐姐（郏捷）、刘芳菲、郎永淳、沙桐、赵普、文静、王小骞、朱轶、李小军、管彤、马斌、康辉、月亮姐姐（王淏）、涂经纬、王梁、于嘉、孙正平、鲁健、赵忠祥、张绍刚、张政、白燕升等。

236

◆ 著名记者曹聚仁

曹聚仁（1900—1972年），字挺岫，浙江浦江人，现代作家、学者、记者。浙江第一师范学校毕业。1921年到上海教书，同时为《民国日报》副刊《觉悟》撰稿。1922年，笔录了章太炎的国学演讲，整理成《国学概论》出版。后又编著《国故学大纲》，批判胡适派的学术主张。1923年至1935年先后在上海大学、暨南大学、复旦大学等校教授，以散文创作立足文坛。20世纪30年代初，曹聚仁主编《涛声》《芒种》等刊物。1932年创办《涛声》周刊，刊头以"乌鸦"为记，用以讽刺国民党当局，不久被查禁。1934年在上海与陈望道提倡"大众语"运动，针对当时文坛读经复古运动开展斗争。同年与陈望道等合编《太白》期刊。1935年，主编《芒种》，反对以林语堂为代表的论语派。同年，与邹韬奋、沈钧儒等成为抗日救国会委员，并为《申报·自由谈》《立报》等刊物撰写评论和杂文。

1937年抗战开始，曹聚仁任《申报》《立报》《社会日报》和中央通讯社战地特派记者，曾采访淞沪战役、台儿庄战役及东南战场。曹聚仁首次向海外报道"皖南事变"真相，成为抗战名记者之一。1941年，蒋经国邀其创办《正气日报》，任总编辑，使该报成为当时东南三大报之一。抗战胜利后，曹聚仁回上海，任《前线日报》主笔，兼香港《星岛日报》驻京沪特约记者。1947年期间在上海法学院、复旦、大夏等校任教。1950年，曹聚仁只身赴港任《星岛日报》编辑，主办《学生日报》《热风》，还为新加坡《南洋商报》写特约文章。1959年，同林霭民合办《循环日报》《循环午报》《循环晚报》，在此期间，频频来往于北京、台湾之间，成为毛泽东、周恩来、蒋介石、蒋经国的

座上宾，密商两岸和平统一大事。1972年7月23日，曹聚仁在澳门镜湖医院病逝，周恩来为其亲撰碑文"爱国人士曹聚仁先生之墓"，安葬于浙江兰溪。曹聚仁的作品有《文史讨论集》《国学概论》《国学大纲》《我与我的世界》《今日北京》《万里行记》《文坛五十年》《北行小语》《采访外记》《采访新记》《鲁迅评传》《现代中国戏曲影艺集成》等。

◆ 著名记者邵华泽

邵华泽，著名新闻学者，北京大学新闻与传播学院院长，浙江林学院人文学院名誉院长，中华全国新闻工作者协会主席。少将军衔。邵华泽1951年参加中国人民解放军，1953年在解放军第二政治干部学校理论教员训练队学习，后任第二军医大学理论教员。1957年加入中国共产党，1960年毕业于中国人民大学哲学系研究班，毕业后继续在第二军医大学任教。1964年后从事新闻工作，历任《解放军报》社编辑、时事政策宣传处副处长、理论处副处长，1981年任《解放军报》社副社长，1985年任解放军总政治部宣传部部长，1989年6月任《人民日报》社总编辑，1992年11月任《人民日报》社社长、总编辑。1993年起任《人民日报》社社长。中共第十四届、十五届中央委员，第四届全国人大代表。1988年被授予少将

邵华泽

军衔。邵华泽的著作有《浅谈一分为二》《生活与哲学》《历史转变中的思索》等。

知识百花园

中央电视台的直属企业

（1）中国国际电视总公司。中国国际电视总公司是央视于1984年投资组建的国有独资公司，是央视节目版权之全球销售代理及中国电视节目外销联合体之海外版权独家代理商，是唯一经政府主管部门批准的从事境外卫星节目代理业务的公司，是国内最大的视频节目出版发行商。

（2）中视传媒。中视传媒全称中视传媒股份有限公司，原名无锡中视影视基地股份有限公司，由无锡太湖影视城、北京荧屏出租汽车公司、北京中电高科技电视发展公司、北京未来广告公司、中国国际电视总公司共同组建。

（3）中国电视剧制作中心。中国电视剧制作中心成立于1983年10月18日，是专门从事电视剧创作生产的单位。

（4）央视国际网络有限公司。央视国际网络有限公司成立于2006年4月28日，前身是中央电视台国际互联网站。2006年4月28日，央视网络电视并入央视国际网络，统一域名为CCTV.com。

（5）中央卫星电视传播中心。中央卫星电视传播中心负责卫星信号

传输。

（6）中央数字电视传媒有限公司。中央数字电视传媒有限公司负责运营收费节目。

（7）中央新闻纪录电影制片厂。中央新闻纪录电影制片厂负责拍摄纪录片。

（8）北京科学教育电影制片厂。北京科学教育电影制片厂负责科教片、动画制作。

（9）中国电视报。中国电视报由中央电视台主办的唯一面向国内外发行的国家级电视报，主要预告、评介中央电视台和中国都市电视节目，同时刊登全国31家省台卫星节目表。

（10）中国爱乐乐团。中国爱乐乐团为国内一流乐团。

◆ **著名记者伍晃荣**

伍晃荣，生于1940年，香港无线电视前资深体育新闻报导员。伍晃荣绰号"阿盲"，是因他年轻时讲球赛常认错人名，所以被称为"阿盲"。伍晃荣擅长以幽默的手法报导体育赛事，深得不少观众爱戴，影响了整个香港广播界报道体育新闻的方式。伍晃荣从事新闻行业四十多年，曾主持过的节目有《六点半新闻报道》《新闻提要》《晚间新闻》《特别新闻报道》。1960年到《英文虎报》当体育记者，之后以半工读形式完成大学进修课程；1962年起到商业电台当港闻记者，1975年转职到丽的电视（即亚视前身），五年后当体育记者；1982年1月1日再转职无线，继续当体育记者。2002年起在珠海书院新闻系任教。2005年6月30日报道完最后一节新闻《六点半新闻报道》后正式退休。2008年4月17日

第五章　著名新闻机构与人物

傍晚6时35分，伍晃荣因白血病感染肺炎引致器官衰竭在香港玛嘉烈医院逝世，享年67岁。

◆ 著名记者曹景行

曹景行1947年生于上海。1968年起在皖南山区插队10年。1978年进入复旦大学历史系，1982年进上海社会科学院世界经济研究所研究美国经济。1989年移民香港，应聘做《亚洲周刊》撰述员，一年后升为编辑，两年后升为资深编辑，1994年成为副总编，同时兼任《明报》主笔。1997年转行电视，出任香港传讯电视中天新闻频道总编辑。1998年进入凤凰卫视。

曹景行现任凤凰卫视资讯台副台长、凤凰卫视言论部总监、《时事开讲》节目主持人。凤凰卫视

曹景行

新闻评论员窦文涛叫他"新闻雷达"。曹景行主持的《时事开讲》节目，已形成一批高层次的由政要、企业管理人员等人群构成的固定收视群体。曹景行主张在节目中提供给观众"第一解释权"，即在新闻事件报道后的第一时间，对新闻发生的深层次原因从不同角度进行剖析。

著名编辑人物

编辑的原义是顺其次第、编列简策而成书。如今，编辑即是通过组织、采录、收集、整理、纂修、审定各式精神产品，使之传播、展示于社会公众的工作和从事这项工作的人员。"编辑"的定义很多，富有代表性的有：（1）编辑是"使用物质文明设施和手段，以事组织、采录、收集、整理、纂修、审定各式精神产品及其它文献资料等，使之传播展示于社会公众。"（2）编辑是"利用传播工具的传播活动中，处于作者和读者之间进行的种种出版前期工作。"（3）编辑是"根据社会文化需要，按照指导方针，使用物质载体和技术手段，对精神产品进行组织、采集、鉴审、选择和编序加工，并缔构成一定的文化符号模式作为社会传播媒介的活动。"（4）编辑是"组织、审阅、编选、加工原创作品以在整体上构成编辑作品的再创性著作活动。"（5）编辑是"搜集材料（文章、故事或草稿）将之汇集在一起，加以鉴别、选择、分类、整理、排列和组织等处理过程。"（6）编辑是"根据一定的思想原则，以相应的信息或著述材料的基础，进行优选、创意和优化、组合，使精神成果适于制作传贮载体的智力劳动。"

我国的编辑工作出现很早。商代已有文字记录的典册，说明已有人从事编辑、整理简策的工作。正因为有了精湛的编辑活动，灿烂的中华文化才得以保存和发展。我国的编辑成果十分丰富，诸如司马迁《史记》中的"十表""八书"，即是编辑工作的结晶；善于叙事的《战国策》，是刘向整理校订、精选汇集而编成。刘向写的《战国策书录》，就是著名的编辑报告；南朝梁昭明太子萧统编辑了《文选》，写了《文选序》，说明编选的原则和方法。其后，李阳冰为李白编《草堂集》，李汉为韩愈编《昌黎先生集》，刘禹锡编《柳宗元文集》，元稹编《白香山集》，杜牧编《李贺集》，司马光编《资治通鉴》，都是编辑工作。南宋至明代，雕版印刷盛行，书坊兴起，出现了受聘于书铺的编辑，诸如明末冯梦龙、凌濛初即是代表。

真正的近代职业编辑出现于清末戊戌维新运动时，著名的人物有梁启超、谭嗣同、唐才常、樊锥、章太炎、蔡元培、张元济等。后来随着文化活动和科学技术，以及书籍、报纸、期刊、图画、声频、视频、符号、图像等的发展，编辑工作的内涵逐步扩大。如今，编辑可分为图书编辑、期刊编辑、报纸编辑、广播编辑、电视编辑、电子出版物编辑等。一般专指专业性的工

蔡元培

作，如出版社的选题、组稿、审读、加工整理等；非出版机构中，文献资料的整理，编撰工作通报、专业刊物等，也是编辑工作。

我国编辑职务（含美术编辑）设编审、副编审、编辑、助理编辑4种，其中的编辑为中级职务。其他出版机构中，编辑人员粗分为高级编辑、文字编辑、技术编辑。作为一种从事知识传播的行业，编辑

有很强的职业道德要求。编辑职业道德是指从事编辑工作的人在出版物编辑出版过程中应遵循的道德，是编辑应具备的生活、工作准则以及行为规范。我国《公民道德建设纲要》中对职业道德的表述为："爱岗敬业、诚实守信、办事公道、服务群众、奉献社会。"这适应于各行各业。具体来说，我国的编辑职业道德包括如下几点：

一是核心是为人民服务。要求热爱人民，对人民负责。编辑是一种传承文化、塑造人的灵魂的崇高而光荣的职业，是政治性、思想性、科学性很强的工作，是很艰苦、很细微的工作。要热爱人民，真诚地为人民服务。二是正确地发挥编辑的选择功能。编辑的第一角色是"搜猎者"。编辑在大量的文化资源中搜寻、选择最有价值的部分经过加工向社会传播，影响人们的思想，推动社会经济的发展。编辑应怀揣高度的社会责任感，选择对人们的精神世界产生积极健康影响、对人类物质文明建设起推动作用的资源作为工作对象。三是爱岗敬业，对书稿编校质量负责。稿件编辑加工，要对其思想内容、语言文字诸方面高度负责。四是正确处理作者、编辑、读者间的关系。编辑要热情、真诚地对待作者，尊重作者的人格、著作权，尊重他们的劳动成果，对其稿件作出客观的评价；要帮助作者修改、完善稿件；稿件取舍要出于公心。编辑要了解读者需要，编撰他们需要的读物，为他们提供真实信息，不炒作，不搞虚假广告，订价合理。五是团队精神。出版物的生产从市场调查 选题设计 编辑加工 生产物化厂 宣传销售 货款回笼 市场跟踪，整个经营过程需要许多人共同劳动。因此编辑工作要有合作精神。六是正确的义利观。把国家人民利益放在首位。不能参与非法出版活动，不能不守诚信。

第五章 著名新闻机构与人物

知识百花园

编辑编稿步骤

第一步：浏览全篇。浏览的目的是通过了解稿件的大意，看稿件能不能发，是不是发过；看稿件哪些地方需要大砍大杀，哪些地方只需小削小补。浏览的方法有：看稿件的标题，看稿件的开头，看每段的开头，看每段的结尾，看稿件的结尾。

第二步：砍出雏形。编辑要砍出雏形，必须三板斧。一是砍掉不必要的背景，即指那些不为人们普遍关心的或早已熟悉的背景。二是砍掉多余的事例。三是砍掉与主题无关的内容。

第三步：精雕细琢。对保留下来的内容须精雕细琢。一是纠正错别字；二是把生僻字词改通俗；三是留意固定词组，看有没有用错、篡改；四是注意词句的简写是否恰当；五是把病句改通顺；六是注意句子与句子之间，段落与段落之间的内在联系是否合逻辑；七是注意计量单位是否符合法定要求。

第四步：精制标题。制作出吸引人的标题是编辑工作的重要环节。从某种意义上来说，编辑的功夫应重点放在标题制作上。制作具有吸引力的标题就是把稿件中最新鲜、最吸引人的东西拉出来制作成标题。

第五步：仔细阅读。这是编辑对稿件最后的把关，目的是减少或消灭差错。仔细阅读应做到逐字逐句通读，包括标题、标点在内的全文；要带着怀疑的态度去看容易混淆的字词；要带着挑剔的目光去看待写作的技巧；要带着否定的态度去看稿件的内容，千万不能放过导向错误的稿件。

新闻出版一本通

◆ 著名编辑邹韬奋

邹韬奋（1895—1944年），原名思润，祖籍江西余江，出生在福建永安。1921年大学毕业后至1931年，负责《生活》周刊和《时事新报》副刊编务。1932年7月，建立生活书店，次年加入中国民权保障同盟，当选为执行委员。这期

邹韬奋

间，邹韬奋写了《小言论》和《韬奋漫笔》等杂文集。1933年7月因受迫害流亡国外，先后写了《萍踪寄语》、《萍踪忆语》4本游记随笔，是20世纪30年代新闻性散文中少有的佳作。1935年8月，邹韬奋由美归国，创办《大众生活》周刊。1936年奔走于港沪之间，积极鼓动抗日，年底遭逮捕。出狱后，上海沦陷，前往武汉继续参加救国活动，国民党政府聘他为国民参议员。邹韬奋把《抗战》和《全民周刊》合并改为《全民抗战》三日刊。1941年2月，辞去国民参议员职务，出走香港，恢复《大众生活》周刊。香港沦陷后，曾到苏北解放区参观访问。1943年写下《对国事的呼吁》一文，表达对蒋介石实行反动政策的愤慨。不久，邹韬奋患耳癌去世。

◆ 著名编辑戈公振

戈公振，名绍发，字春霆，1890年生于东台书香之家，幼年聪慧。现代著名新闻学家、著名新闻记者、中国新闻史研究的开拓者和我国早期的新闻教育家。1912年，戈公振在《东台日报》担任编

第五章 著名新闻机构与人物

辑工作，1913年冬进入上海有正书局图画部当学徒。第二年被调到《时报》编辑部工作，任校对、助编，后升任编辑直至总编。1920年戈公振首创《图画时报》，揭开了中国画报史上崭新的一页。从1925年起，戈公振先后在上海国民大学、南方大学、大夏大学、复旦大学的报学系或新闻学系，讲授新闻学和中国报学史。1930年戈公振创办《申报星期画刊》，担任主编。"九·一八"后，抗日救亡运动兴起，戈公振积极参加抗日救亡运动。

1932年，国际联盟派李顿调查团来我国东北和上海调查日本侵略中国真相，戈公振以记者身份随代表团去东北，冒死深入沈阳北大营，了解日军侵华情况，发回大量通讯和文章。1933年，戈公振随中国首任驻苏大使颜惠庆去莫斯科访问，后来留在苏联。其后为国内报刊写了不少通讯，报道苏联社会主义建设和人民的政治、经济生活。1935年夏，接到邹韬奋两次电报，邀他回国重新筹办《生活日报》，即启程回沪。不久因阑尾炎住院，不幸于10月22日病逝，年仅45岁。戈公振是杰出的编辑、优秀的记者、学识渊博的新闻学者和新闻教育家。他所著的《新闻学撮要》《新闻学》《中国报学史》等书，是中国最早的一批新闻学著作。他的《中国报学史》代表了旧中国报刊史学术研究的最高水平，是公认的中国新闻史研究的奠基之作。

◆ 著名出版家王云五

王云五，原名之瑞，后改名云五，号岫庐，祖籍广东中山。现代出版家、商务印书馆总经理。1888年7月9日，王云五生于上海一小商人家庭。王云五早年入上海的一个五金店学徒，业余在夜校学英文，并广泛涉猎多种学科。1906年起，其先后在上海同文馆、中国公学等

校教授英文。1909年兼上海留美预备学堂教务长。1912年，王云五先任南京临时大总统府秘书，后在北洋政府教育部任事。1913年王云五任中国公学大学部教授，讲授英文、英国文学等课程。1917年起，其在上海从事编译工作，并创办公民书局，开始了出版商生涯。

五四运动以后，上海商务印书馆编译所邀胡适任所长，胡适改荐王云五。1921年秋，王云五就任后以"教育普及""学术独立"为方针，组织编译了一批介绍中外古籍名著的丛书，颇受社会重视。1925年3月发明四角号码检字法、编出《王云五大词典》，在学术界获得声名。1930年春，王云五出任商务印书馆总经理，积极推行科学管理法，出版了许多有价值的书籍，对中国文化教育事业作出了重要贡献。抗日战争爆发后，王云五开始投身政界，连任四届国民参政会参政员、政协代表。

1946年王云五辞去商务印书馆的职务，出任国民政府经济部部长，制宪国大代表。次年4月任行政院副院长，积极支持反共内战政策。1948年5月，王云五出任行政院政务委员兼财政部部长。他在蒋介石授意下，提出币制改革方案，以金圆券代替法币，限制物价。但不久即遭到失败，王云五因此下台。1949年4月去台湾，先后任台湾当局行政院设计委员、总统府国策顾问、考试院副院长、行政院副院长、台湾商务印书馆董事长等职。1979年8月14日，王云五在台北病逝。著作主要有《物理与政治》《中外图书统一分类法》《四角号码检字法》等。

◆ 著名出版家张元济

张元济（1867—1959年），字筱斋，号菊生，原籍浙江海盐，著名出版家。1867年10月25日生于广东，1959年8月14日卒于上海。光绪年间进士，曾任总理各国事务衙门章京，戊戌变法失败后张元济被革职。1898年冬其任南洋公学（今上海交通大学）管理译书院事务兼总校，后任公学总理。1901年，张元济以"辅助教育为己任"，投资商务印书馆，并主持该馆编译工作。1903年张元济任商务印书馆编译所长，1916年任经理，1920—1926年任监理，1926年任董事长直至逝世。1949年张元济特邀参加中国人民政治协商会议，被选为全国委员会委员，后被选为第一届全国人民代表大会代表。

张元济主持商务印书馆期间，组织了大规模的编译所和涵芬楼藏书，开创了私营出版社设专职专业编辑和图书资料的先河，以保证出版物质量。1919—1937年张元济动用国内外50余家公私藏书影印出版《四部丛刊》《续古逸丛书》、百衲本《二十四史》三种丛书，近2万卷。张元济选书注重实用，母本讲究善本，开创了古籍丛书翻刻、影印的新阶段。1932年1月29日，日军对商务印书馆轰炸，造成80%以上资产被毁。同时被毁的还有商务印书馆所属的东方图书馆珍藏的45万册图书，其中大部分是古籍善本和孤本。时年65岁的张元济深受打击。张元济的著作有《涵芬楼烬余书录》《宝礼堂宋本书录》《涉园序跋集录》《中华民族的人格》《校史随笔》《张元济日记》《张元济书札》《张元济傅增湘论书尺牍》。

◆ 著名编辑沈鹏

沈鹏，著名书法家、美术评论家、诗人、编辑出版家。1931年9月出生于江苏江阴。现任全国政协委员、中国文联副主席、中国书法家协会主席、中国美术出版总社顾问、《中国书画》主编、中国人民对外友好协会理事、中国国际友谊促进会理事、中国艺术教育促进

新闻出版一本通

沈 鹏

……会理事、中华炎黄文化研究会理事、北京大学艺术教育研究顾问、炎黄书画院副院长、中国书画函授大学教授、《书法之友》杂志名誉主席等职。沈鹏幼年始习字画，少年习古文、诗词、中国画、书法。大学攻读文学，又学新闻专业。身为书法家，沈鹏先生的行草书和隶书"刚柔相济、摇曳多姿"，气势恢宏、点划精到、格调高逸、韵味深长，成为当今书坛最具代表性的书风典型，在中国近现代书法史上占有突出地位，历年创作书法作品15000件以上，其中为图书报刊、展览题专题贺以及题写匾额1000件以上。

沈鹏主持和手编的书刊达500种以上，其中有大型画册《故宫博物院》、大型摄影集《苏联》《中国书画》《美术之友》《美术向导》《中国美术全集·宋金元书法卷》《故宫博物院藏画》等。沈鹏先生的书法作品有《当代书法家精品·沈鹏卷》《沈鹏书法选》《沈鹏书法作品集》《沈鹏书白居易长恨歌、琵琶行》《沈鹏书杜甫诗二十三首》《沈鹏书归去来辞》《行草书绝妙宋词》《草书千字文》《楷书千字文》《岳阳楼记》等。